Le juridique

LES CAHIERS DE L'IREA
N° 19 - 2018

Revue de l'Institut de recherches et d'études africaines (IREA)

Le juridique

L'Harmattan

5-7, rue de l'École-Polytechnique 75005 Paris

http://www.librairieharmattan.com
diffusion.harmattan@wanadoo.fr
harmattan1@wanadoo.fr

ISBN : 978-2-343-15294-3
EAN : 978-2-343-15294-3

Comité scientifique

Comité de lecture

Sommaire

Éditorial

Depuis 2012, un texte modifiant la loi sur le mariage est en vigueur en Côte d'Ivoire. Composée de cinq articles, la nouvelle loi retire à l'homme le statut de chef de famille et instaure une gestion conjointe du ménage par les deux époux. Cependant, le texte ne semble pas avoir changé grand-chose aux habitudes quand on considère les rapports tels qu'ils se déroulent au sein des ménages. La question est alors de savoir pourquoi, en dépit de sa disparition expresse de la loi, ce statut de d'homme chef de famille perdure dans la gouvernance pratique des familles.

Cette interrogation nous installe de plain-pied dans le champ des *gap studies*, avec pour point d'ancrage la notion d'(in)effectivité. On entend par effectivité, le *« caractère d'une règle de droit qui est appliquée réellement »*.

Plusieurs facteurs explicatifs sont attribués à l'ineffectivité du droit par les auteurs ayant abordé la question. On peut les grouper en trois grandes catégories : les facteurs liés à la règle de droit elle-même, les facteurs se rapportant à celui qui est chargé de la faire appliquer et les facteurs ayant trait au destinataire.

Dans cet article « La disparition juridique du statut de chef de famille à l'épreuve du vécu des couples à Bouaké (Côte d'Ivoire) », l'auteur KOUAKOU Konan Jérôme, pour sa part et fort de ses recherches, indique clairement que la disparition du statut de chef de famille n'est pas effective depuis le vote de la nouvelle loi ivoirienne sur le mariage parce qu'elle est confrontée à une réalité sociale qui la contrarie, dont un imaginaire social qui lui est défavorable.

Au total, le principal objectif de ce travail a été d'analyser les facteurs de cette ineffectivité à partir du cas des couples mariés de Bouaké. Les données recueillies laissent apparaître que la nouvelle loi ne bénéficie pas d'une perception favorable à son application ; elle est jugée matérialiste et confligène, soupçonnée d'annoncer le mariage homosexuel et de véhiculer des valeurs étrangères aux ordres normatifs couramment admis.

Un autre article d'un autre genre traite, lui, des « Mutations de l'ordre international et souveraineté de l'État en Afrique ».

L'auteur de l'article, John Richard KEUDJEU DE KEUDJEU, se pose tout d'abord la question de savoir ce qui reste de la souveraineté de l'État face à l'évolution de l'ordre international. A cet effet, il remarque que l'évolution de la société internationale est marquée par de nombreux mouvements. Au titre de ces derniers, se trouvent les crises internationales, l'avènement de nouveaux acteurs tels certains groupes d'entreprises et des organisations non gouvernementales, la prise en compte du rapport de puissances entre sujets sur la scène internationale, la prégnance du fait régional ou encore les préoccupations démocratique, économique et environnementale qui donnent matière à réflexion sur la place de l'État et du principe …assique de souveraineté dans le Droit intern…nal en mutation. Pour l'auteur, il convient, en …ive, de 'interroger sur plusieurs points : n'y a-t-il pas d… d'interroger un constat si évident ? Ne convient-il pas de soumettre ce qui se donne à voir à la raison du doute méthodique ? Au finish, il est ainsi question dans le présent article d'appréhender ces mutations en termes de nouveaux défis du droit international public. Les mutations, peuvent s'entendre comme « *l'apparition de propriétés nouvelles fondamentales différentes du système originel par suite de la transformation du code ou du système* », impliquent, relativement à l'ordre international, les différentes fluctuations connues par la société internationale et son droit.

L'ordre international étend ses tentacules dans les différentes structurations de la société au point de l'infuser et de la moduler. Cette situation semble spécifique dès qu'il s'agit des États du Tiers Monde et particulièrement de ceux situés en Afrique. Revenir sur la souveraineté de l'État sur le continent africain en ces temps de débats nationalistes et/ou panafricanistes constitue une opportunité heuristique non négligeable. Ainsi, qu'est-ce que tout d'abord l'Etat et que signifie souveraineté ?

L'État, entité abstraite, se présente comme une personne morale de droit public, territoriale et jouissant de la capacité légale à agir internationalement, indépendamment de toute pression extérieure. Consubstantielle à l'État, la souveraineté est un degré de la puissance et de la liberté, légales, et ce degré est le plus élevé. La souveraineté serait ainsi une puissance suprême de l'État à l'intérieur d'un territoire, d'une part, et d'autre part, une puissance indépendante vis-à-vis des autres puissances étatiques. [illegible] traduit l'absence de subordination de l'État à l'endroit d'un autre État.

Dans cet ordre, dire de l'État qu'il est souverain signifie qu'on ne trouve au-dessus de lui aucune autorité dotée à son égard d'une puissance légale. La souveraineté internationale ne se définit ainsi négativement que comme la non-soumission à une autorité supérieure, le fait de n'être le sujet d'aucun sujet. Ainsi, le concept d'« *Afrique* » dans la présente étude, renvoie à la sphère territoriale qui est celle du continent africain à partir duquel est saisi l'État. Il ne s'agit donc pas de questionner l'effectivité de l'État africain, mais de saisir sa souveraineté dans son commerce sur la scène internationale.

Autrement dit, il est donc question de l'appréhension de la souveraineté de l'État africain à partir d'un contexte de paupérisation, de crises économique, sociale et politique qui justifient la sollicitation de l'aide et les conditions qui l'assortissent, lesquelles sont de nature à déteindre sur la souveraineté.

Au total, l'auteur se demande comment *in fine* saisir la question de la souveraineté de l'État africain face aux mutations de l'ordre international ? Pour lui, une réponse s'impose : la stabilité du principe de souveraineté de l'État, même si certains éléments tendent à induire la flexibilité de ladite souveraineté de l'État en Afrique.

En résumé, pour l'auteur, l'Afrique se présente comme le continent de tous les maux. Et de fait, sur les plans politiques, économiques, socioculturels, etc., le continent africain connaît des crises qui ont porté une atteinte particulièrement marquée à la dignité de l'Homme. Le souci d'y remédier a justifié les différentes interventions dans l'ordre interne des États au gré des mutations de l'ordre international. Il est donc question de s'accorder sur l'impact des mutations de l'ordre international sur la souveraineté de l'État en Afrique. Autrement dit, les mutations de l'ordre international induisent une acception différenciée de la souveraineté en Afrique ?

Autre article, autres idées ; « Financer l'entreprise sans emprunt ».

« L'externalisation consiste à sous-traiter, à faire sortir du périmètre de la firme, des activités d'appui du processus de production ou des parties de ce processus. »

Dans cet article, l'auteur Clause GARRIER présente deux formes d'externalisation d'un actif immobilier dont l'entreprise de nature commerciale conserve la jouissance en qualité de locataire, que ce soit de façon permanente ou temporaire. La première consiste en une externalisation conçue dès la création de l'entreprise ; elle met en relation un groupe d'investisseurs immobiliers et un groupe de nature commercial. La seconde favorise la reconstitution de la trésorerie d'une entreprise en rendant temporairement liquide un ou plusieurs immeubles qu'elle utilise pour son activité professionnelle, dont elle est propriétaire.

Au total, pour l'auteur de « Financer l'entreprise sans emprunt », l'absolutisme administratif dont l'OHADA est l'un des vecteurs nécessaires pour apporter de nouvelles solutions au financement des entreprises, que le droit des affaires soit étendu aux relations entre investisseurs immobiliers et investisseurs industriels ou commerciaux. En cela, deux solutions sont envisagées ici :

La société civile immobilière d'investissement ;

Le contrat de lease-back.

Cet article fait penser à une autre sorte d'entreprise d'un genre particulier, le CAMES sur lequel se penche l'auteur de l'article « La mise en scène médiatique des grades universitaires : entre querelles de corps et nécessités du service public de l'enseignement supérieur en Afrique »

La création du Conseil Africain et Malgache de l'Enseignement Supérieur en 1978 et l'institutionnalisation dès 1982 d'un Concours d'agrégation interafricain inaugurent un tournant décisif dans l'africanisation des normes académiques régissant les carrières universitaires. Avant 1978, tous les universitaires africains en l'occurrence ceux des États de l'Afrique francophone étaient évalués par le Comité consultatif des universités françaises et inscrits sur des listes d'aptitude aux différents grades universitaires, à savoir maître-assistant, maître de conférences et professeur titulaire. Une hiérarchisation quadripartite qui allait devenir bipartite à la faveur de la réforme universitaire française de 1982 entre maître de conférences et professeur d'université. Cette évolution, facteur d'accélération des carrières universitaires en France contrastait avec l'attachement des universités africaines notamment celles liées au CAMES à des normes académiques révolues. C'est que, pour l'auteur de l'article, M. Patrick WAFEU TOKO, nous sommes dans un contexte africain marqué par l'exacerbation des jeux de pouvoir sur l'enjeu des nécessités du service de l'enseignement supérieur d'où que les missions de l'université (l'enseignement, la recherche et la formation) aient été souvent détournées de leur fonction pratique d'intérêt général au profit de l'enjeu carriériste de la recherche scientifique, de l'enjeu financier des cumuls de fonctions et de la conquête des positions de pouvoir dans l'appareil administratif et politique des jeunes États. Ilya assurément là une instrumentalisation politique

Ainsi, le fétichisme des titres universitaires en Afrique francophone, avatar de l'héritage colonial français, participe d'une conquête des distinctions culturelles socialement et politiquement valorisantes. Sous ce prisme, l'accès aux grades de rang magistral constitue un enjeu majeur de la profession universitaire dans un contexte local encore marqué par la centralisation des politiques de gestion du personnel enseignant des universités publiques.

Du CAMES, faisons un saut en RDC où KISEMBO DJOZA Jean Paul, aborde la problématique de l'avortement à travers son article intitulé « L'avortement en République Démocratique du Congo : de l'incrimination à la dépénalisation ou à la simple disqualification ? »

D'amblée, l'auteur balise le paysage par ce constat : les violences sexuelles commises en République Démocratique du Congo (RDC), de par leur ampleur et leurs conséquences sur les femmes sont de véritables défis de santé publique, politico-juridique et socio-économique. Plus d'un million des femmes ont été victimes de violences sexuelles depuis 1996. Les viols systématiques sur les femmes ont été utilisés comme arme de guerre par les hommes en uniformes au cours du conflit congolais. Les conséquences médicales sont diversifiées : la propagation de maladies sexuellement transmissibles, les complications gynécologiques, la majorité du peuple congolais est chrétienne (91% dont les catholiques 33%, les Églises de réveil 23%, les protestants 21%), puis viennent les musulmans (6%), ensuite les autres religions non chrétiennes ni musulmanes dont les kimbanguistes, les Juifs, les Orthodoxes (12%), enfin les athées (1%).

Or le protocole à la Charte Africaine des Droits de l'Homme et des Peuples relatif aux Droits des Femmes, mieux connu sous le nom de Protocole de Maputo signé par la RDC stipule en son article 14 que les pays ayant ratifié ce protocole sont tenus de " protéger les droits reproductifs des femmes, en autorisant particulièrement l'avortement médicalisé … cas *d'agression sexuelle et de viol* » D'où les questio… …ivantes :

…ent concilier l'interdiction de l'avortement et …ptation de sa pénalisation par la majorité des …golais suite à leur conviction religieuse chrétienne, avec …utorisation de l'avortement par le protocole de Maputo signé librement et régulièrement par la RDC ?

- La RDC qui doit honorer ses engagements de respecter et d'appliquer de bonne foi les instruments juridiques internationaux qu'elle a ratifiés tels que le protocole de Maputo, devrait-elle en conséquence dépénaliser l'avortement ou tout simplement le disqualifier ?

Autrement dit, La problématique de cet article est de savoir s'il faut maintenir l'incrimination de l'avortement, ou alors le dépénaliser carrément, ou enfin seulement le disqualifier positif congolais au regard du protocole de Maputo ratifié régulièrement par la République démocratique du Congo (RDC).

Au finish, en guise de contribution de réponse, l'auteur recommande que le droit positif congolais adopte les disqualifications ci-après en conformité avec le protocole de Maputo et en adéquation avec les désidératas de sa population majoritairement chrétienne qui n'est pas contre cette disqualification

Blaise BAYILI

La disparition juridique du statut de chef de famille à l'épreuve du vécu des couples à Bouaké (Côte d'Ivoire) 1

KOUAKOU Konan Jérôme
Sociologue du droit,
Université Alassane Ouattara (Côte d'Ivoire)

Introduction

Depuis 2012, un texte[2] modifiant la loi sur le mariage[3] est en vigueur en Côte d'Ivoire. Composée de cinq articles, la nouvelle loi retire à l'homme le statut de chef de famille et instaure une gestion conjointe du ménage par les deux époux. Cependant, le texte ne semble pas avoir changé grand-chose quand on considère les rapports tels

---

[1] Cette recherche a été menée avec l'appréciable concours de mes étudiants de master et de licence : YEO Fanlourou Abdoulaye, TOURE Kitana Sosthène, KOUAKOU Jean Nicanor Archipe, OUATTARA Lohofoungognon Ahoua, OUATTARA Nansouminan Edwige, OUATTARA Soungalo.

[2] Il s'agit de la loi n°2013-33 du 25 janvier 2013. Le projet de loi a été adopté par l'Assemblée Nationale le 21 novembre 2012, mais porte des références datées de 2013.

[3] La loi n° 64-375 du 7 octobre 1964 relative au mariage telle que modifiée par la loi n° 83-800 du 2 août 1983.

qu'ils se déroulent au sein des ménages. Des observations préliminaires auprès de quelques couples de Bouaké révèlent, en effet, une survivance du statut de chef de famille. Détenu par le mari, ce statut apparaît comme un principe légitime fondamental sur lequel repose la gouvernance familiale. La question est alors de savoir pourquoi, en dépit de sa disparition expresse de la loi, ce statut perdure dans la gouvernance pratique des familles.

Cette interrogation nous installe de plain-pied dans le champ des *gap studies*, avec pour point d'ancrage la notion d'(in)effectivité. On entend par effectivité, le *« caractère d'une règle de droit qui est appliquée réellement »* (Cornu, 2004 : 339). Il s'agit de la réalisation de la règle de droit dans la pratique sociale, de son application par les destinataires. À l'opposé, l'ineffectivité renvoie à l'écart qui existe entre la règle et la réalité sociale. Il est vrai que la notion, prise dans son sens classique comme c'est le cas ici, a été critiquée pour son inadaptation à certaines situations. On lui reproche, entre autres, de ne pouvoir s'appliquer aux normes supplétives, contractuelles, facultatives ou attributives (Leroy, 2011). *« Affirmer qu'une règle est effective si elle est respectée n'a pas de sens pour les normes supplétives puisque, précisément, l'application de ces dernières peut, en toute légalité, être écartée par les sujets de droit »* (Leroy, 2011 : 720). Si l'on considère par exemple le mariage, le divorce ou la création de société, ces faits sont réglementés par la loi ; mais, comme le remarque Jestaz, cité par Leroy (2011 : 721), *« aucune loi n'oblige jamais personne à divorcer ou à fonder une société. »* Ces reproches sont, certes, pertinents, mais ils ne suffisent pas à écarter le mariage du champ des *gap studies*. S'il est vrai que le mariage est un contrat entre deux individus et que la loi n'oblige personne à se marier, il est aussi vrai qu'une fois mariés, les contractants sont soumis à des obligations réciproques. Les règles régissant les rapports à l'intérieur de la famille créée par le mariage ne sont pas facultatives ; elles sont impératives. Dans notre cas par exemple, le nouvel article 59 de la loi sur le mariage stipule que *« si l'un des époux ne remplit pas ses obligations, l'autre époux peut obtenir, par ordonnance du Président du Tribunal du lieu de résidence, l'autorisation de saisir-arrêter et de toucher, dans la proportion des besoins du ménage, une part du salaire, du produit du travail ou des revenus de son conjoint. »* Ceci signifie donc que l'on s'attend à ce que la pratique sociale soit conforme à ce que prescrit la norme juridique. C'est pourquoi, bien qu'elle soit de nature contractuelle, la loi de 2012 sur le mariage en Côte d'Ivoire se prête parfaitement à l'analyse en termes d'(in)effectivité.

Plusieurs facteurs explicatifs sont attribués à l'ineffectivité du droit par les auteurs ayant abordé la question. On peut les grouper en trois grandes catégories : les facteurs liés à la règle de droit elle-même, les facteurs se rapportant à celui qui est chargé de la faire appliquer et les facteurs ayant trait au destinataire. S'agissant de la règle de droit elle-même, lorsqu'elle n'est pas impérative, mais incitative ou interprétative, quand elle revêt un excès de formalisme, quand son contenu manque de clarté, de cohérence ou de précision, lorsqu'elle ne prévoit pas de sanction ou que l'applicabilité des sanctions existantes laisse à désirer, elle ne peut être effective (Rangeon, 1989). Pour ce qui est des facteurs liés à ceux qui sont chargés de faire appliquer la règle de droit, l'ineffectivité peut être due au comportement de l'agent de l'État qui ne regarde que ses propres intérêts, manque de motivation, fait face à un obstacle matériel, détourne ou bloque la règle. L'agent peut également procéder à des arrangements, faire preuve de laxisme, faire de la norme juridique une interprétation défavorable à son effectivité ou simplement s'abstenir de l'appliquer pour éviter de provoquer des conflits (Rangeon, op cit.). Enfin, en ce qui concerne le destinataire, l'ineffectivité peut résulter de l'ignorance de la règle (Mathey, 2015) ou du refus de s'y conformer, soit parce qu'elle va à l'encontre des normes informelles, soit parce que le destinataire ne reconnait pas la légitimité de la norme ou de l'instance qui l'a édictée. Il est également possible que le destinataire ait une compréhension erronée de la signification de la règle, n'adhère pas aux valeurs qu'elle véhicule, adopte une posture stratégique de calcul coût-avantage ou encore, qu'il soit soumis à une autre norme plus forte que la norme juridique (Delpeuch et al, 2014).

Dans ce travail, la recherche des facteurs d'ineffectivité s'effectue suivant trois directions. La première permet de revenir sur la question des valeurs véhiculées par la loi et la dépendance à des normes autres que la règle de droit. Il s'agit en bref de la perception qu'ont les couples mariés de la loi. Cet axe se situe dans le prolongement des travaux jusque-là menés sur l'(in)effectivité du droit. L'étude se démarque cependant des travaux antérieurs en s'orientant dans deux autres directions. En premier lieu, elle questionne l'aptitude du destinataire à appliquer la loi. Pour ce faire, elle recourt à la notion de capabilité, non au sens d'Armatya Sen, mais comme elle s'entend en *maîtrise statistique des processus*. Dans cette spécialité de la statistique industrielle, la capabilité désigne l'aptitude d'une machine ou d'un processus à réaliser des performances qui lui sont demandées. Elle met en rapport la performance demandée et la performance réelle (Pillet, 2005). C'est en définitive la capacité à répondre aux attentes. La notion est utilisée dans ce travail pour analyser l'aptitude du destinataire, précisément l'épouse ivoirienne, à se soumettre à ce que préconise la loi. La démarche part du présupposé que, pour qu'une norme juridique soit appliquée par celui auquel elle est destinée, il faut que celui-ci en ait les capacités, qu'il dispose des ressources qui lui permettent d'être à la hauteur des attentes de cette norme. Les ressources considérées sont la situation socioéducative et financière de la femme. Le deuxième aspect a trait à l'objet même de la loi, à savoir le mariage. L'idée est que la manière dont le mariage est conçu par la société ivoirienne peut avoir des implications sur l'effectivité de la loi qui le régit. Nous questionnons précisément le rôle joué, dans le contexte ivoirien, par la symbolique du processus menant au mariage. L'article vise donc à analyser, dans un premier temps, la perception par les couples de la nouvelle loi ; puis la condition socioéducative et financière de l'épouse ivoirienne ; pour finir, la signification sociale du processus menant au mariage.

Les réponses apportées dans cette recherche s'appuient sur des données recueillies en 2015 et 2016 lors d'une enquête qualitative à Bouaké. Celle-ci a consisté en une série d'entrevues semi-structurées réalisées auprès de 27 couples mariés sélectionnés à l'aide de la technique de la boule de neige dans cinq quartiers aléatoirement choisis : Air-France, Belleville, Houphouetville, N'Gattakro et Ahougnansou. Au sein de chaque couple, les conjoints ont été interrogés séparément ; ce qui donne un total de 54 personnes interviewées.

I- Un imaginaire social défavorable à la nouvelle loi

L'image que se font les couples mariés de la nouvelle loi sur le mariage influence négativement son application. Elle est perçue comme une loi matérialiste et confligène, une loi préparant l'avènement du mariage homosexuel et véhiculant des valeurs étrangères aux ordres normatifs couramment admis.

1.1. Une loi jugée matérialiste et confligène

Par loi matérialiste, il faut entendre un texte qui se particularise par l'importante place faite aux biens matériels. Cette façon de se représenter la nouvelle loi transparaît de certaines réponses d'enquêtés, comme ces propos d'une vendeuse d'attiéké[4] : *« La nouvelle loi est basée sur l'argent et non pas sur l'amour. C'est le pouvoir de l'argent pour commander dans la maison ; alors, je préfère me taire pour ne pas perdre l'amour qui m'unit à mon mari. »* Du point de vue de ceux qui adhèrent à cette idée, la nouvelle loi ne laisse pas la liberté au couple de s'organiser comme il le souhaite, mais impose la participation des deux conjoints aux charges familiales. Il est vrai que cette même obligation de participation des deux époux était contenue dans l'article 53 de l'ancienne loi ; mais, parce que la même loi attribuait à l'homme le rôle de chef de famille et faisait principalement reposer sur lui les charges du ménage (article 59), l'exigence de contribution de la femme n'était pas, dans les faits, ressentie comme un impératif catégorique. Elle avait plutôt un caractère facultatif, de sorte que ce que pouvait apporter la femme pour les charges familiales était beaucoup plus compris comme « un coup de main » donné à l'homme. Or, en brisant le monopole de l'homme par la suppression du statut de chef, en instaurant la gestion conjointe, la réforme alourdit la responsabilité de la femme et accentue le caractère impératif de sa contribution. Le nouveau texte est ainsi accusé de ne pas tenir compte de la situation socioéconomique actuelle des

[4] Genre de couscous confectionné à base de manioc.

femmes telle qu'elle est réellement observée[5], mais de présumer qu'elles sont à même de contribuer aux charges familiales. Déposséder l'homme de son rôle de chef, dire que l'homme et la femme sont responsables de la famille au même titre et qu'ils doivent contribuer aux charges du mariage (articles 58 et 59 nouveaux), reviendrait implicitement à faire injonction à tous les deux d'avoir une situation financière conséquente et à insinuer que le mariage n'est permis qu'entre personnes ayant une assise financière ; d'où l'idée que la nouvelle loi est *« basée sur l'argent. »*

Dès lors que les charges de gestion de la famille pèsent sur le mari autant que sur la femme, et que la contribution de l'épouse n'a rien de facultatif, mais devient un impératif catégorique, observer ce que dit la loi peut, selon les informateurs, avoir pour effet de compromettre l'équilibre de la famille, être source de divorce ou de désorganisation. Exiger d'une épouse, qui n'a pas une bonne situation financière, de partager les dépenses du foyer parce qu'elle est responsable autant que l'homme pourrait provoquer des conflits plutôt que contribuer à avoir une famille en paix. Le mariage et sa stabilité sont aux yeux des femmes une précieuse opportunité à ne pas compromettre par le respect de prescriptions juridiques qui, pour elles, n'ont rien d'indispensable. *« Moi, la loi, je m'en fou de ça. Je ne veux pas gâter mon mariage à cause de ça »*, affirme une

---

[5] Sur la situation socioéconomique de la femme, se référer au deuxième chapitre.

ménagère[6]. Une sage-femme interrogée affirme qu'à travers cette loi, *« ils (les gouvernants) veulent détourner les femmes, inciter les femmes à la révolte. »* Plusieurs sont alors les couples qui rechignent à se conformer au contenu de la loi de 2012. À cette interprétation matérialiste et confligène, s'ajoute l'image d'une loi suspectée de déblayer le terrain pour le mariage homosexuel.

1.2. Une loi suspectée de préparer le mariage homosexuel

Pour comprendre ce qui va suivre, il faut au préalable avoir une idée de la situation de l'homosexualité en Côte d'Ivoire. Même si le législateur n'a pas été explicite sur la question, puisqu'aucun texte ne l'évoque clairement, on note dans la loi et la jurisprudence, des indices de réprobation de cette pratique. La loi reconnait que le mariage entre personnes de sexes différents et deux hommes ont déjà été condamnés par la justice ivoirienne pour pratique homosexuelle (Sylvestre-Treiner, 2016). Cette tendance est encore plus affirmée au niveau de la société globale où l'on constate une hostilité générale clairement affichée des Ivoiriens. Les études sur l'homosexualité en Côte d'Ivoire sont rares, mais d'après les analyses réalisées par Dionne et ses collaborateurs (2014) à partir de deux études transnationales, les populations ivoiriennes adoptent, dans une très forte proportion, une attitude négative à l'égard de cette

---

[6] Le mot « ménagère » désigne en Côte d'Ivoire la « femme au foyer. »

pratique. En 2002, la proportion d'Ivoiriens qui n'acceptent pas l'homosexualité s'élevait à plus de 80% des répondants. En 2007, le taux connaît une légère augmentation (Dionne et al., 2014). Dans un tel contexte, tout ce qui peut faire penser à l'acceptation de l'homosexualité par l'autorité étatique suscite méfiance et résistance. C'est le cas de la nouvelle loi sur le mariage.

Dans l'enquête que nous avons menée, des répondants pensent que la loi de 2012 est sous-tendue par un mobile inavoué. S'ils disent ne pas se sentir concernés par le mode de gestion qu'elle prône, c'est parce que *« la loi-là n'est pas simple, parce qu'elle annonce et ouvre la voie au mariage pour tous déjà adopté en Europe. C'est pour cacher cela que les dirigeants ont orienté cette loi sur les couples mariés de Côte d'Ivoire »* (Un gendarme). Autrement dit, la réforme à laquelle a procédé la Côte d'Ivoire aurait pour finalité de préparer la société ivoirienne à accepter le mariage homosexuel. La nouvelle loi est interprétée comme étant la première étape d'un processus devant conduire à l'institution du mariage homosexuel, qui en constituerait la prochaine étape et le véritable point de chute.

Deux arguments fondent cette position défendue par certains couples. La première, c'est que la structure du couple (le caractère hétéro ou homologue de ses constituants) jouerait un rôle déterminant dans le mode de gestion de la famille. Suivant cette façon de voir, il ne saurait y avoir de véritable gestion conjointe là où il y a différence de sexe. *« Dans les couples homosexuels composés de deux hommes ou de deux femmes, la gestion conjointe peut bien marcher ; sinon un homme et sa femme, c'est difficile.* » (Un gendarme). L'idée qui se dégage ici c'est que dans un foyer où le couple se compose de deux personnes de même sexe, il se pose moins de problèmes de leadership. La similitude physiologique règle les antagonismes liés aux jeux de rôle. Le fait pour les conjoints d'être identiquement constitués sur le plan biologique, suggère d'avance l'idée d'égalité, les dispose à occuper la même position, jouer les mêmes rôles et remplir les mêmes charges. Supprimer donc de la loi le statut de chef de famille pour le remplacer par la gestion conjointe est perçu comme une manière pour l'État d'annoncer, sans le faire ouvertement, le mariage homosexuel. Le deuxième argument se rapporte au vocabulaire utilisé par le législateur. Nulle part dans les articles revus, on ne retrouve les mots « femme », « mari » et « épouse. » Seul le terme générique « époux » est utilisé. Ce choix de mot laisserait présager de la prochaine adoption du mariage homosexuel par les autorités ivoiriennes. Ce serait un moyen pour la loi de familiariser l'opinion avec l'usage de ce vocabulaire neutre en prévision de ce type d'union.

1.3. Une loi perçue comme un texte ne méritant pas d'occuper la première place devant d'autres ordres normatifs

« Je vis une vie de couple moderne, mais je ne rejette pas et je n'ignore pas mes origines », ainsi s'exprimait un enquêté pour montrer le peu d'intérêt qu'il

accorde à la loi sur le mariage en comparaison à sa culture d'appartenance. Le mariage, même lorsqu'il est conclu à l'état civil, obéit généralement à d'autres ordres normatifs ; en l'occurrence, l'ordre traditionnel et l'ordre religieux (Kouakou, 2012 et 2014). C'est pourquoi, bien que la loi ait mis fin au statut de chef de famille, ceux qui, en plus du mariage civil, se sont engagés dans un autre type de mariage ne suivent pas de façon automatique ce que dit la loi, surtout lorsqu'ils établissent une hiérarchie des ordres normatifs. La tradition et les croyances religieuses sont un facteur déterminant dans la survivance de titre de chef de famille. Sans détour, un enseignant affirme : *« Bien vrai que je me suis marié sous la loi, mais je me base sur les principes de ma religion pour vivre ma vie de couple. »* Pour cet homme, comme pour plusieurs autres répondants, la tradition et la religion surclassent le droit en matière de gestion de la famille. Les injonctions de la règle de droit n'ont pas de poids et ne représentent rien devant les prescriptions de la tradition et de la religion d'appartenance.

Les hommes ne sont pas les seuls à invoquer la tradition et la religion pour résister à la mise à l'écart, par la loi, du statut de chef de famille. Une femme affirme par exemple à ce sujet : *« C'est mon mari le chef parce que, bien avant que Dieu ne crée la femme, l'homme était déjà celui qui régnait ; donc la femme, quel que soit son titre, c'est l'homme qui reste le chef »* (une ménagère). Pour cette femme, ce n'est pas la loi qui occupe le haut de l'échelle. L'autorité de chef est exercée par l'homme en vertu d'un ordre naturel et divin. C'est une position assignée, et non acquise (Mendras, 1996 : 79), à laquelle la femme ne peut que se conformer en laissant au mari la direction de la famille quel que soit son statut socio-économique. Par ailleurs, alors que l'homme-chef de famille semble être interprété par l'État et les activistes comme une inégalité consacrant la domination de l'homme sur la femme, des épouses interrogées défendent un point de vue différent. Elles ne perçoivent pas leur situation comme celle de personnes dominées : *« C'est comme ça (la position de l'homme comme chef). Je ne peux pas dire que je suis exploitée ou bien dominée par mon mari »* (une vendeuse). Accepter le rôle de chef et l'octroyer à l'homme va de soi pour elles. Cela constitue, selon ces femmes, une garantie de l'harmonie du couple et de la famille. « *Pour l'harmonie des choses,* affirme une coiffeuse, *il faut qu'il y ait un chef. Et puis, même quand l'homme est le chef, il décide avec sa femme. »* Comme elle, une couturière dit ceci : *« Ce qu'un chef de sexe masculin a comme privilège, un chef de sexe féminin n'a pas. La loi parle d'égalité, c'est vrai ; mais nous connaissons notre place, en tout cas, quand notre mari est là. »* À en croire ces interlocutrices, il n'y a rien de dégradant à concéder à son mari la position de chef, car bien que légitime, cette place de l'homme n'exclut pas la femme de la gestion familiale. Elle ne signifie pas qu'elle n'a pas son mot à dire. Pour elles, le pouvoir légitime dont dispose l'homme au sein de la famille n'est pas sans limites. S'il outrepasse son pouvoir et ne répond pas aux faisceaux d'attentes *« nécessaires »* ou *« obligatoires »*

(Mendras, 1996 : 77) découlant de sa position de chef, son autorité peut être contestée par l'épouse, il peut subir la sanction de la contrainte sociale. Une vendeuse de jus n'a pas manqué de préciser que *« si le mari ne réagit pas positivement vis-à-vis de la famille, il peut être contrarié »*. Dès l'instant où l'existence du statut de chef de famille ne signifie pas pour la femme qu'elle est dominée ou qu'elle n'a pas son mot à dire, il n'y a aucune nécessité à pratiquer une vie de couple acéphale. Elles comprennent difficilement pourquoi elles tiendraient à tout prix à ce qu'il n'y ait plus de chef, ou se comporteraient comme responsables de la famille au même titre que l'homme. Cela ne répond pas à leur aspiration et ne peut être considéré comme un besoin ni pour la femme ni pour l'homme. L'aspiration et le besoin réels seraient le droit à une vie de couple paisible et stable. Le mariage est dans l'ensemble compris comme une institution relevant plus d'autres ordres normatifs que du droit positif. En situation de conflit des normes, les couples mariés procèdent à un arbitrage et tranchent en faveur de la norme qui prime, en l'occurrence ici, la règle traditionnelle et la règle religieuse. L'idée qui sous-tend toute cette représentation semble être celle-ci : L'égalité des droits n'est pas à rattacher aux rôles des acteurs. L'homme et la femme peuvent être égaux en droit, mais avec des rôles différents.

La disparition du chef de famille bute contre les imaginaires sociaux qui considèrent la nouvelle loi comme une loi matérialiste et confligène, une loi annonçant le mariage homosexuel, et inférieure aux normes traditionnelles et religieuses. Cela est d'autant plus compréhensible qu'en plus, d'une manière générale, les aptitudes de la femme en Côte d'Ivoire se prêtent difficilement à l'acéphalisme familial souhaité.

2. Une culpabilité insuffisante de l'épouse ivoirienne

L'une des clés de compréhension de la persistance du statut de chef de famille réside dans l'insuffisante capabilité de l'épouse ivoirienne. Celle-ci résulte de sa situation socioéducative et financière.

2.1. Niveau d'instruction relativement faible des épouses

Il apparaît des données collectées auprès des couples mariés de Bouaké que les épouses ont un niveau d'instruction globalement inférieur à celui des hommes. Cela est le reflet de la situation générale de la femme telle qu'elle ressort des statistiques existantes. Dans le rapport 2006 sur l'état et le devenir de la population de la Côte d'Ivoire, on lit que *« les femmes sont moins instruites que les hommes (...) »* (Assemien et Delanne, 2016 : 39). Les plus récentes statistiques estiment que *« le taux d'alphabétisation est de 53,3% chez les hommes contre 36,3% chez les femmes. »* (INS[7], 2015 : 33). Cet état de fait constitue l'une des origines de la survivance du titre de

[7] Institut National de la Statistique.

chef de famille. Leur niveau inférieur à celui de leurs maris rend difficile l'autonomisation des femmes, qui deviennent ainsi dépendantes d'eux dans des domaines variés. Les tâches nécessitant un certain niveau d'instruction (lire, écrire, et s'exprimer correctement en français) sont laissées aux hommes auxquels revient la responsabilité des différentes démarches administratives des familles. Cela transparaît des propos de quelques femmes interrogées pendant la recherche. *« Là (au niveau des tâches administratives), moi je ne fais rien parce que je connais pas trop papier et affaire de bureau. Bureau-là, je ne connais rien dedans »* (une commerçante). Avec une telle position de la femme vis-à-vis de l'homme, il lui est difficile de se prévaloir du même statut que lui. La prééminence de l'époux due à son niveau d'instruction plus élevé amène l'épouse à faire de lui le chef de famille. Mais cette contrainte n'est pas la seule. S'y ajoute celle du pouvoir financier qui en est d'ailleurs un corollaire.

2.2. Faiblesse du pouvoir financier des femmes

Le tome 1 de l'*Enquête sur la situation de l'emploi et du travail des enfants* (INS, 2014) montre que, sur l'ensemble de la population féminine en âge de travailler, les femmes qui ne travaillent pas sont plus nombreuses que celles qui occupent un emploi. Du côté des hommes, ceux ayant un emploi sont plus nombreux que ceux qui n'en ont pas. Sur l'ensemble des sans-emplois, les femmes occupent une proportion plus élevée alors qu'elles sont moins nombreuses parmi l'ensemble des travailleurs. En 2015, la population ayant un emploi est composée de

61,4% d'hommes contre seulement 38,6% de femmes (INS, 2015 : 65). Même si ces enquêtes plus récentes ne le précisent pas, des données antérieures nous aident à comprendre que ces femmes inactives sont majoritairement composées de ménagères. En 2006, on comptait 55,8% de ménagères parmi les femmes inactives (Assemien et Delanne, 2007 : 40). Même lorsqu'elles ont une activité stable, les femmes ont un revenu moyen inférieur à celui des hommes. L'INS estimait en 2013 le salaire mensuel moyen dans l'emploi salarié à 105.731 FCFA ; mais ce salaire était plus faible chez les femmes (78.482 FCFA) que chez les hommes (114.526 FCFA) (INS, 2014 : 35).

Cette réalité, observée au niveau de la société, et qui ne diffère guère de celle qu'on rencontre au sein des familles, est une autre contrainte à l'autonomisation des femmes. Elle rend difficile la traduction dans les faits, de la disparition du statut de chef de famille. La situation socioéconomique bien meilleure des hommes leur confère un pouvoir financier plus fort, si bien que dans nombre de foyers, le mari demeure le seul ou le plus gros pourvoyeur : *« Moi je n'ai pas l'argent dê ! Je travaille pas oh ! Donc c'est mon mari qui se charge de faire tout ça là (les dépenses du ménage) »* (une ménagère). La supériorité financière de l'homme le place de fait dans une position de chef. La capacité financière est ainsi considérée par les répondants comme une condition indispensable à la pratique effective de la gestion conjointe prônée par la nouvelle loi sur le mariage.

Comme le dit une coiffeuse, *« sans emploi, la gestion conjointe n'est pas possible »* parce que *« c'est quand tu as l'argent que tu peux dire que je vais là-bas, je vais ici. Sinon, quand c'est le mari qui fait tes dépenses, avant d'aller là-bas ou bien au village ou bien aller travailler quelque part, tu es obligée de lui demander la permission »* (une vendeuse d'attiéké). Pour récriminer la loi, certains ironisent en estimant que, pour être en phase avec sa propre loi, l'État devrait rémunérer les épouses : *« si l'État donne de l'argent à ma femme pour qu'elle m'aide chaque fin du mois, là je peux parler d'égalité. Vous venez avec des lois et y'a pas d'appui. »* (Un ouvrier d'usine). Tous ces propos nous éclairent sur le fait que la femme est fortement dépendante économiquement de l'homme. L'impuissance financière qui la caractérise instaure une asymétrie dans le couple, même si le mari n'a pas l'intention expresse de « s'imposer » comme chef. Dans la position qui est la sienne, il lui est quasi impossible d'agir sans se référer à l'époux. Par sa supériorité économique, le mari dispose du pouvoir de la soumettre à des menaces et privations si elle montre des signes d'une personne ayant tendance à s'affirmer comme ayant le même statut que lui.

Au final donc, l'écart est grand entre les performances réelles de la femme et les performances attendues. La loi est confrontée à une incapacité de l'épouse ivoirienne à faire valablement face aux exigences de la loi. Elle se voit investir d'une responsabilité que sa situation socioéducative et financière ne peut lui permettre d'assumer pleinement. Avec cette faible capabilité, on est en droit de s'attendre à une ineffectivité de la loi sur le mariage. L'insuffisante capabilité de la femme constitue un facteur limitant de l'effectivité de la disparition du chef de famille. Toutefois, cela ne signifie pas que la satisfaction des conditions ayant trait à la situation socioéducative et financière de la femme suffirait à rendre effective la loi. Indépendamment de la question de l'autonomisation de la femme, la symbolique du mariage et les conséquences qui en découlent constituent un important autre facteur d'ineffectivité de la suppression du statut de chef de famille.

3. La symbolique de la démarche matrimoniale et ses implications

Le mariage est l'aboutissement d'un processus impliquant l'homme et la femme. En Côte d'Ivoire, ce processus fait appel à un jeu de rôles dont la symbolique a une incidence sur la pratique de la gestion conjointe.

3.1. Le mariage : un processus unidirectionnel

En Côte d'Ivoire, dans le processus du mariage, le rôle socialement reconnu à l'homme diffère de celui de la femme. Le rôle de l'homme est dynamique tandis que celui de la femme est passif. Il n'est pas socialement acceptable pour cette dernière de faire le premier pas quand il est question de commencer des relations amoureuses. Ses intentions pour un homme ne se manifestent pas de front, mais par des moyens détournés. La femme doit généralement se contenter d'une position attentiste. L'initiative revient le plus souvent à l'homme. Lorsque les relations doivent aboutir au mariage, c'est à l'homme que revient la charge de procéder aux démarches préalables. C'est lui qui « demande la main de la femme », la « dote »[8], l'« épouse ». Le mariage apparaît comme une action de l'homme dirigée vers la femme. D'un côté se trouve un agent actif, l'homme qui pose l'action en direction de la femme et de l'autre, un agent passif, la femme qui subit l'action en provenance de l'agent actif. Le mariage est envisagé comme une action unidirectionnelle avec l'homme pour seul auteur. En l'état actuel des choses en Côte d'Ivoire, la démarche inverse est en général mal perçue. L'homme digne est celui qui prend l'initiative et la femme digne celle qui attend.

Une telle manière de se représenter la dynamique du mariage constitue dans le contexte ivoirien un facteur de survivance de la notion de chef de famille. Elle a une incidence sur les rapports entre conjoints : elle impose à l'homme le statut de chef et épargne à la femme l'obligation absolue de contribuer aux charges matérielles du mariage.

3.2. Un statut imposé par le rôle joué par l'homme dans la conclusion du mariage

[8] Le verbe « doter » est couramment utilisé pour désigner l'action de payer la dot.

Le jeu de rôles précédant le mariage prédéfinit la place et le rôle de chaque conjoint dans le mariage. Comme l'explique une sage-femme, *« à partir du moment où la décision du mariage vient de l'homme, c'est qu'il est le chef. »* Pour les femmes interrogées, le fait pour l'homme d'être « celui qui épouse », lui confère de plein droit un rôle prépondérant dans la famille et donc, le statut de chef de famille. En outre, le mariage étant très peu pratiqué en Côte d'Ivoire[9], la femme mariée a coutume de considérer sa situation matrimoniale comme un privilège et un bienfait qu'elle doit à l'homme « qui l'a épousée. » Grâce à la démarche de l'homme, elle acquiert un rang honorable et bénéficie du titre de « Dame. » Par souci de reconnaissance et de préservation de son statut, l'épouse se place en retour dans une position qui fait du mari le chef. C'est ce que montrent ces propos d'une couturière : *« Mon mari est chef de famille parce que c'est lui qui m'a épousée, donc si je suis ici, c'est grâce à lui »*. L'expression *« si je suis ici, c'est grâce à lui »* sous-entend qu'elle lui est redevable. C'est donc à juste titre qu'elle lui concède le statut de chef de famille. C'est la logique du don et du contre-don (Mauss, 1975). Le bien (mariage) donné par l'homme est rendu par la femme sous forme d'octroi du titre de chef de famille. Le refus de cette dernière de rendre le don initial peut avoir pour conséquence la rupture du lien conjugal et la perte des

[9] Nous n'avons pas pu entrer en possession des chiffres du dernier recensement général en Côte d'Ivoire. Mais en considérant les chiffres de 2001 qui établissaient le taux de personnes mariées à l'état civil à seulement 3,20% (Yapo E. et Irié M., 2001), il n'y a pas de doute que la tendance reste inchangée.

privilèges de la femme. On comprend bien cette logique de réciprocité quand on entend des propos comme ceux de cette commerçante : *« Je suis dans sa maison. Ici, je préfère ne pas me comparer ou m'égaler à mon mari et, comme ça, il n'y a pas de problème ; je le respecte et je lui reste soumise ».* À travers cet échange de biens symboliques auquel ils s'obligent, les époux établissent la durabilité de leurs relations.

Les choses ne sont pas différentes quand on s'intéresse aux hommes. C'est ce que montrent ces explications d'un éducateur : *« Dans nos sociétés africaines, c'est l'homme qui fait les démarches pour épouser la femme et aussi s'occuper d'elle en tant que chef de famille. Et la femme, soumise, l'aide pour le bien-être de la famille. »* Que l'homme soit le chef de la famille est une évidence pour les hommes interrogés. Peu importe que le législateur ait confié les charges familiales aux deux conjoints. Le fait d'être celui qui « épouse » impose à l'homme le rôle de premier responsable. *« Puisque c'est moi qui ai été chez mes beaux-parents pour solliciter la main de ma femme, alors je me responsabilise en prenant en charge les tâches de la maison »* (un ferronnier). Le fait pour une femme d'avoir du pouvoir économique n'y change en principe rien, comme le fait comprendre un autre enquêté : *« aujourd'hui, s'il y a un problème à la maison, quand bien même ce serait madame qui apporterait beaucoup plus d'argent pour la gestion, quand les gens arriveront, ils demanderont à me voir d'abord ; et aussi les parents de ma femme savent que je suis le responsable de leur fille »* (un instituteur). Cela signifie que, même quand la femme a une bonne situation, les rôles ne s'inversent pas. Ce n'est jamais elle qui « épouse », mais toujours l'homme. De sorte donc que, quelle que puisse être la situation économique de la femme, l'homme en demeure responsable et peut en toute légitimité manifester son autorité au sein de la famille en vertu de la confiance qu'il reçoit d'elle, de ses beaux-parents et de la société. Aussi longtemps que le rôle d'« acteur » du mariage sera joué par l'homme, celui-ci revêtira le statut de chef de famille. Les propos suivants d'une femme résument ces considérations : *« Le jour où une femme va demander la main d'un homme, on pourra la considérer aussi comme chef. »* Le rôle de chef, socialement reconnu à l'homme, dédouane la femme et confère au mari une telle responsabilité qu'il serait « indigne » de sa part de recourir à la force publique pour exiger quoi que ce soit de la femme.

3.3 Recourir aux tribunaux : *« une honte et un manque de responsabilité »*

L'homme et la femme entrent tous deux dans le mariage avec l'idée que l'homme est le principal pourvoyeur. En conséquence, même quand elles sont capables d'aider l'homme, il arrive que des femmes s'abstiennent d'utiliser leurs ressources pour les charges de la famille. Les explications d'une pâtissière-décoratrice sont, à ce sujet, très claires : *« C'est mon mari qui est allé me prendre chez mes parents. Il doit donc assumer sa responsabilité. Donc, les dépenses sont pour lui, ça lui revient. Moi mon salaire, c'est pour moi et mes enfants »*. L'homme ne peut rien contre cette attitude, même s'il la trouve regrettable. Lorsqu'on entend, par exemple, cet instituteur dire *« ma femme travaille et elle a un salaire, mais quand il s'agit des dépenses de la maison, elle n'a pas d'argent, elle ne veut pas participer aux charges »*, on comprend qu'il désapprouve l'attitude de son épouse. Cependant, il ne peut aller plus loin que la simple complainte. Le fait pour lui d'être « celui qui épouse » lui impose une limite morale qui l'empêche d'exiger sa participation. Il serait en effet incongru de trainer en justice son épouse au motif qu'elle contribuerait peu ou pas aux charges de la famille, sachant bien soi-même qu'on l'a épousée avec l'idée qu'elle serait sous notre responsabilité. Les professionnels du droit en sont eux-mêmes conscients. Un procureur de la République l'a bien exprimé : *« Malgré les sanctions retenues par cette loi contre tout conjoint qui ne s'acquitterait pas de ses devoirs, l'époux ivoirien ne serait pas suffisamment capable de conduire sa femme devant les tribunaux sous prétexte qu'elle ne participe pas aux charges de la famille. Un tel acte occasionnerait des sanctions sociales d'ordre moral, contre l'homme, pouvant occasionner le divorce parce que ce dernier pourrait être considéré comme indigne de son épouse, vu que la légitimité des mœurs a encore un poids considérable au sein de la société ivoirienne. »* Agir en justice contre son épouse serait « une honte. » Ce serait manquer à son devoir d'homme envers la femme et les beaux-parents. Voilà comment cela est soutenu par un autre enquêté : *« Conduire ma femme devant les tribunaux ou l'obliger à participer aux charges de la maison est une honte et une preuve de manque de responsabilité vis-à-vis de la famille et de la belle-famille »* (un gendarme). Se soumettre donc à la nouvelle loi abolissant le statut de chef de famille reviendrait à manquer à ses responsabilités, perdre sa dignité et s'exposer à la sanction sociale.

Mieux encore, si l'on en croit une autre enquêtée, la nouvelle loi est même perçue comme une fuite de responsabilité de l'homme : *« les hommes font les lois pour s'arranger eux-mêmes. Derrière cette loi, les hommes veulent fuir leurs responsabilités. »* Alors que les activistes et ceux qui ont initié la loi croient défendre les intérêts des femmes, certaines d'entre elles y voient au contraire un texte en faveur de l'homme, une sorte de complot contre elles.

Conclusion

La disparition du statut de chef de famille n'est pas effective depuis le vote de la nouvelle loi ivoirienne sur le mariage parce qu'elle est confrontée à une réalité sociale qui la contrarie. Tout d'abord, elle fait face à un imaginaire social qui lui est défavorable. Le nouveau texte est non seulement perçu comme une loi matérialiste et confligène, mais également suspecté de préparer l'avènement de mariage homosexuel, et considéré comme véhiculant des valeurs ne méritant pas d'occuper la première place devant les ordres normatifs traditionnels et religieux. La nouvelle loi est ensuite confrontée à l'incapacité de l'épouse ivoirienne à valablement assumer le rôle que lui confère la loi, du fait de son niveau d'éducation et de son pouvoir financier généralement faibles. Enfin, en dehors de la perception que les destinataires ont de la loi, et de la situation factuelle de la femme, la symbolique de la démarche matrimoniale et ses implications sont un important facteur déterminant l'ineffectivité de la suppression du statut de chef de famille.

Le vécu des couples ne coïncide pas avec le contenu de la loi. De cette observation sociologique, on peut déduire que le mariage, tel qu'il est pratiqué, n'est pas nécessairement un contrat d'adhésion. Il est considéré, non comme un tout composé d'éléments indissociables, mais comme un ensemble à l'intérieur duquel on peut sélectionner les éléments qui nous sont avantageux. L'on se marie sous la loi, juste pour jouir des avantages symboliques qui lui sont attachés (honneur, respectabilité…) et bénéficier des retombées légales en termes de succession, de fiscalité, etc., mais pas pour respecter l'ensemble des règles régissant les rapports entre époux.

Résumé

Depuis son adoption en 2012, la nouvelle loi supprimant le statut de chef de famille en Côte d'Ivoire est restée sans impact réel sur la pratique sociale. Le principal objectif de ce travail est d'analyser les facteurs de cette ineffectivité à partir du cas des couples mariés de Bouaké. Pour y parvenir, 27 couples, choisis dans cinq quartiers de la ville, ont été enquêtés à l'aide d'un guide d'entretien semi-structuré. Les données recueillies laissent apparaître que la nouvelle loi ne bénéficie pas d'une perception favorable à son application ; elle est jugée matérialiste et confligène, soupçonnée d'annoncer le mariage homosexuel et de véhiculer des valeurs étrangères aux ordres normatifs couramment admis. Il apparaît également que la non-application des nouvelles dispositions juridiques par les couples mariés procède, d'une part, de l'insuffisante capabilité de l'épouse ivoirienne due à sa situation socioéducative et financière et d'autre part, de la signification sociale accordée, dans le contexte ivoirien, à la symbolique du processus menant au mariage.

Mots clés

Capabilité, chef de famille, homosexuel (in)effectivité, loi, mariage.

Abstract

Years after its adoption, the new law removing the statute of head of family in Côte d'Ivoire remained without real impact on the social practice. The main objective of this work is to analyze the factors of this ineffectivity starting from the case of the married couples of Bouaké. For that purpose, 27 couples, selected in five districts of the city, were surveyed with a guide of semi-structured interview. The data collected let appear that the new law does not profit from a perception favorable to its application: It is judged materialist and confligene, is suspected of announcing the homosexual marriage and of conveying foreign values with the usually allowed normative orders. It also appears that the non-application of the new low by the married couples proceeds, on the one hand, of the insufficient capability of the ivorian wife due to her socio-educational and financial situation and on the other hand, of the social significance of the symbolic system of the marriage process, in the ivorian context.

Keyords

Capability, head of the family, homosexual, effectiveness/ineffectivity, law, marriage.

Références bibliographiques

Assemien A. et Delanne Ph. (Coor.) (2007), *Population et développement : Défis et perspectives pour la Côte d'Ivoire (REPCI 2006)*, ministère d'État, ministère du Plan et du Développement, Abidjan.

Cornu G. (dir) (2004), *Vocabulaire juridique*, Paris, PUF.

Delpeuch T. et al. (2014), *Sociologie du droit et de la justice*, Paris, Armand Colin, Collection U.

Dionne K. Y. et al. (2014), « Research note: Attitudes toward homosexuality in sub-Saharian Africa, 1982-2012. » :

https://sophia.smith.edu/~kdionne/attitudes_toward_homosexuality_africa.pdf, (page consultée le 06 février 2017).

Institut National de la Statistique (2014), *Enquête nationale sur la situation de l'emploi et du travail des enfants. Rapports descriptifs sur la situation de l'emploi*, Abidjan, INS.

Institut National de la Statistique (2015), *enquête sur le niveau de vie des ménages en Côte d'Ivoire*, Abidjan, INS.

Kouakou K. J. (2012), « Regard oblique sur le mariage officiel en Côte d'Ivoire », *Le Journal des Sciences Sociales*, n° 9, pp. 131-141.

Kouakou K.J. (2014), « Une famille sans chef est-elle réellement possible ? », *European Scientific Journal,* vol. 10, n° 2, pp. 207-215.

Leroy Y. (2011), « La notion d'effectivité du droit », *Droit et société*, n°79, pp. 715-732.

Mathey N. (2015), « Propos introductifs », in Lecuyer L. A. (dir.), *Le droit de la consommation après la loi du 17 mars 2014*, Rennes, PUR, pp. 7-12.

Mauss M. (1923-1924), « Essai sur le don. Forme et raison de l'échange dans les sociétés archaïques », *L'Année Sociologique*, Seconde série, Tome I.

Mendras H. (1996), *Eléments de sociologie*, Paris, Armand Colon, 4e édition, Collection U.

Pillet M. (2005), *Appliquer la maîtrise statistique des processus*, Paris, Éditions d'Organisation, 4e édition.

Rangeon F. (1989), « Réflexions sur l'effectivité du droit », in Lochak D. (dir.), *Les usages sociaux du droit*, Paris, PUF, pp. 126-149.

Sylvestre-Treiner A. (2016), « En Côte-d'Ivoire, « pour vivre gays, vivons cachés » » : http://www.liberation.fr/planete/2016/11/18/en-cote-d-ivoire-pour-vivre-gays-vivons-caches_1529489, (page consultée le 02 février 2017). Article de presse rédigé par la correspondante de *Libération* à Abidjan.

Yapo E. et Irié M. (2001), *Recensement général de la population et de l'habitation de 1998. Volume IV, Tome 4 : État matrimonial, nuptialité*, Abidjan, INS.

Annexe : Parallèle entre l'ancienne et la nouvelle loi

Textes législatifs / Numéros d'article	Loi n° 64-375 du 7 octobre 1964 relative au mariage, modifiée par la loi n° 83-800 du 2 Août 1983	Loi adoptée le 21 novembre 2012 (loi n° 2013-33 du 25 janvier 2013)
53	Ils contribuent aux charges du mariage en proportion de leurs facultés respectives. L'époux qui ne remplit pas cette obligation peut y être contraint par justice.	Abrogé
58	Le mari est le chef de la famille. Il exerce cette fonction dans l'intérêt	La famille est gérée conjointement par les époux dans

	commun du ménage et des enfants. La femme concourt avec le mari à assurer la direction morale et matérielle de la famille, à pourvoir à son entretien, à élever les enfants et à préparer leur établissement. La femme remplace le mari dans sa fonction de chef s'il est hors d'état de manifester sa volonté en raison de son incapacité, de son absence, de son éloignement ou de toute autre cause.	l'intérêt du ménage et des enfants. Ils assurent ensemble la direction morale et matérielle de la famille, pourvoient à l'éducation des enfants et préparent leur avenir.
59	L'obligation d'assumer les charges du mariage pèse à titre principal sur le mari. Il est obligé de fournir à la femme tout ce qui est nécessaire pour les besoins de la vie, selon ses facultés et son état. S'il ne remplit pas cette obligation, il peut être contraint par justice. Toutefois, cette obligation est suspendue lorsque la femme abandonne, sans juste motif, la maison conjugale et qu'elle refuse	Les époux contribuent aux charges du mariage à proportion de leurs facultés respectives. Si l'un des époux ne remplit pas ses obligations, l'autre époux peut obtenir, par ordonnance du Président du Tribunal du lieu de résidence, l'autorisation de saisir-arrêter et de toucher, dans la

	d'y retourner.	proportion des besoins du ménage, une part du salaire, du produit du travail ou des revenus de son conjoint.
60	Le choix de la résidence de la famille appartient au mari ; la femme est obligée d'habiter avec lui et il est tenu de la recevoir. Lorsque la résidence fixée par le mari présente pour la famille des dangers d'ordre physique ou d'ordre moral, la femme peut, par exception, être autorisée à avoir pour elle et ses enfants une autre résidence fixée par le juge.	Le domicile de la famille est choisi d'un commun accord par les époux. En cas de désaccord, le domicile de la famille est fixé par le juge en tenant compte de l'intérêt de la famille.
67	La femme peut exercer une profession séparée de celle de son mari à moins qu'il soit judiciairement établi que l'exercice de cette profession est contraire à l'intérêt de la famille.	Chacun des époux a le droit d'exercer la profession de son choix, à moins qu'il ne soit judiciairement établi que l'exercice de cette profession est contraire à l'intérêt de la famille.

Source : Kouakou, 2014.

Mutations de l'ordre international et souveraineté de l'État en Afrique

John Richard KEUDJEU DE KEUDJEU
Docteur/Ph.D en Droit Public
Maître-assistant/FSJP/Université de Dschang

Que reste-t-il de la souveraineté de l'État face à l'évolution de l'ordre international ? En effet, suivant l'article 2 paragraphe 7 de la Charte des Nations Unies, « *aucune disposition de la présente Charte n'autorise les Nations Unies à intervenir dans des affaires qui relèvent essentiellement de la compétence nationale d'un État...* » L'on assiste cependant à la diminution du domaine réservé de l'État. La souveraineté serait dans ce registre, comme l'affirme une frange d'internationalistes, passée par pertes et profits au point de programmer la mort de l'État du fait de l'ordre international croissant[10]. L'évolution de la

[10] J. SALMON, « Quelle place pour l'État dans l'ordre international d'aujourd'hui ? » *RCADI*, Vol. 347, 2010, pp. 9-78 ; M. VIRALLY, *Le droit international en devenir, Essais écrits au fil des ans*, Paris,

société internationale est marquée par de nombreux mouvements. Au titre de ces derniers, se trouvent les crises internationales notamment en Irak, Syrie, Lybie, Centrafrique, Mali, etc. avec son contingent relatif aux droits de l'homme[11] et la désormais répression pénale internationale[12], l'avènement de nouveaux acteurs tels certains groupes d'entreprises et des organisations non gouvernementales[13], la prise en compte du rapport de puissances entre sujets sur la scène internationale[14], la

PUF, 1990, 504p. ; B. BADIE, *Un monde sans souveraineté, Les États entre ruse et responsabilité*, Paris, Fayard, 1999, 306p.

[11] L. DONFACK SOKENG, « Mondialisation et droits de l'homme en Afrique », *Revue Camerounaise d'Etudes Internationales*, n° 001, 2007, pp. 103-132 ; J-F. FLAUSS (dir.), *L'influence de la Convention européenne des droits de l'homme sur les États tiers*, Bruxelles, Bruylant, 2002, 162p. ; M. BETATI, *Droit humanitaire, Textes introduits et commentés*, Paris, Seuil, 2000, 282p. ; L. SINDJOUN, « La civilisation internationale des mœurs : éléments pour une sociologie de l'idéalisme structurel dans les relations internationales », *Etudes internationales*, Vol. 27, n° 4, 1996, pp. 843-859.

[12] A. SOMA, « Vers une juridiction pénale régionale pour l'Afrique », in *Mécanismes régionaux et mise en œuvre universelle*, Colloque international sur les droits humains, Genève, Global Studies Intitute/Université de Genève, 2014, pp. 121-139 ; O. NAREY, « La Cour pénale internationale et l'Afrique : Analyse des procédures en cours », http://afrilex.u-bordeaux4.fr; Consulté le 11/03/2017, 3h49mn, 38p. ; El HADJ DIOP, « L'Afrique à l'épreuve de la justice pénale internationale », http://afrilex.u-bordeaux4.fr; Consulté le 11/03/2017, 3h55mn, 32p. ;

[13] P. ROSIAK, *Les transformations du droit international économique, Les États et la société civile face à la mondialisation économique*, Paris, L'Harmattan, 330p. ; J. CHEVALLIER, *L'État post-moderne*, Paris, LGDJ, 2e éd., 2004, pp. 26-30

[14] P. BUBLER, *La puissance au XXIe siècle, Les nouvelles définitions du monde*, Paris, CNRS éditions, 2011, 508p.

prégnance du fait régional[15] ou encore les préoccupations démocratique[16], économique[17] et environnementale[18] donnent matière à réflexion sur la place de l'État et du principe classique de souveraineté[19] dans le Droit international en mutation. N'y a-t-il pas cependant lieu d'interroger un constat si évident ? Ne convient-il pas de soumettre ce qui se donne à voir à la raison du doute méthodique ? Il est ainsi question pour nous d'appréhender ces mutations en termes de nouveaux défis du droit international public.

---

[15] M. FAU-NOUGARET (dir), *La concurrence des organisations régionales en Afrique*, Actes du colloque de Bordeaux, 28-29 septembre 2009, Co-organisé par l'Université de Montesquieu – Bordeaux IV (CERDRADI – GRECAP) et l'Université Cheik Anta Diop de Dakar, 456p.

[16] J. KEUTCHEU, « L'«ingérence démocratique » en Afrique comme institution, dispositif et scène », *Etudes internationales*, Vol. XLV, n° 3, septembre 2014, pp. 427-451 ; J-C. TCHEUWA, « L'Union africaine et les changements anticonstitutionnels de gouvernement », *RRJ*, Vol. 34, n° 127, 2009, pp. 995-1022 ; D. KOKOROKO, « Souveraineté étatique et principe de légitimité démocratique », *RQDI*, 2003, n° 16.1, pp. 37-59 ; L. SINDJOUN, « La loyauté démocratique dans les relations internationales : sociologie des normes de civilité internationale », *Etudes internationales*, Vol. 32, n° 1, 2001, pp. 31-50.

[17] M. KAMTO, « Pauvreté et souveraineté », in *Mélanges Paul ISOART*, Paris, Pedone, 1996, pp. 284-305 ; J. TOUSCOZ, « La souveraineté économique, la justice internationale et le bien commun », in *Mélanges René-Jean DUPUY*, Paris, Pedone, 1991, pp. pp. 315-327.

[18] J-C. TCHEUWA, « Les préoccupations environnementales », *Revue Juridique de l'Environnement*, n° 1, 2006, pp. 21-42 ; M. KAMTO, *Droit de l'environnement en Afrique*, Paris, EDICEF/AUPELF, 1996, 416p.

[19] *La souveraineté*, *Pouvoirs*, n° 67, 1993, 204p.

L'ordre international étend ses tentacules dans les différentes structurations de la société au point de l'infuser et de la moduler. Cette situation semble spécifique dès qu'il s'agit des États du Tiers Monde[20] et particulièrement de ceux situés en Afrique[21]. Revenir sur la souveraineté de l'État sur le continent africain en ces temps de débats nationalistes et/ou panafricanistes constitue une opportunité heuristique non négligeable. D'où, l'intérêt porté sur l'étude des mutations de l'ordre international dans ses rapports avec la souveraineté de l'État en Afrique.

L'État, entité abstraite, figure symbolique érigée en dépositaire de l'identité sociale et support permanent du pouvoir[22], désigne du point de vue du droit international, « *un groupement humain établi de manière permanente sur un territoire, ayant une organisation politique propre, dont l'existence politique dépend juridiquement de lui-même et relevant directement du droit international* »[23].

---

[20] B. CHANTEBOUT, *Le Tiers Monde*, Paris, A. Colin, 2e éd., 1986, 189p.

[21] M-C. DJIENA WEMBOU et D. FALL, *Droit international humanitaire, Théorie générale et réalités africaines*, Paris, L'Harmattan, 2011, 431p. ; El. H. A. DIOUF, *L'Afrique et le droit à la différence dans les négociations commerciales internationales*, Préface de Ricardo MELENDEZ ORTIZ, Avant propos de Th. COTTIER, Paris, L'Harmattan, 2009, 392p. ; J-M. BIPOUN-WOUM, *Le droit international africain, Problèmes généraux – règlements des conflits*, Tome V, Paris, LGDJ, 1970, 327p.

[22] A-J. ARNAUD (dir.), *Dictionnaire encyclopédique de théorie et de sociologie du droit*, Paris, LGDJ, 1993, p. 236.

[23] J. SALMON (dir.), *Dictionnaire de droit international public*, Préface de Gilbert GUILLAUME, Bruxelles, Bruylant, 2001, p. 454.

De cette définition, l'État se présente comme une personne morale de droit public, territoriale et jouissant de la capacité légale à agir internationalement, indépendamment de toute pression extérieure.

Consubstantielle à l'État, la souveraineté est un degré de la puissance et de la liberté, légales,[24] et ce degré est le plus élevé. Seulement, cette définition prend un sens très différent en droit interne et en droit international. Ce qui a permis à Olivier BEAUD[25] de parler de la double nature de l'État du fait de son ambivalence entre l'interne et l'international. Dans l'ordre interne, on dit de l'État qu'il est souverain en se référant à tous les degrés inférieurs de l'échelle des personnes publiques et à ses sujets eux-mêmes. La puissance suprême de l'État se définit en droit interne par son contenu positif de plénitude, comme le plus haut degré possible de supériorité de son titulaire sur ceux qui lui sont soumis, et comporte le pouvoir de briser la résistance de ses sujets que de ses rivaux en puissance, les uns et les autres subordonnés. Dans l'ordre international, ordre renvoyant à l'« *ensemble coordonné de normes, dotées de la force obligatoire à l'égard de sujets déterminés, et dont la méconnaissance entraine certaines conséquences définies* »[26], ce qui est ordonné, soumis à cet ordre, « *ce ne sont pas seulement des individus, mais une société ou, plus précisément encore,*

---

[24] J. COMBACAU, « Pas une puissance, une liberté : la souveraineté internationale de l'État », *Pouvoirs*, n° 67, 1993, pp. 47-58.
[25] O. BEAUD, *La puissance de l'État*, Paris, PUF, 1994, p. 10.
[26] P-M. DUPUY et Y. KERBRAT, *Droit international public*, Paris, Dalloz, 12e éd., 2014, p. 12.

que l'ordre impose par le droit aux relations entre des individus les constitue en société »[27], c'est aussi les États. Dans cet ordre, dire de l'État qu'il est souverain signifie qu'on ne trouve au-dessus de lui aucune autorité dotée à son égard d'une puissance légale. La souveraineté internationale ne se définit ainsi négativement que comme la non-soumission à une autorité supérieure, le fait de n'être le sujet d'aucun sujet[28]. La souveraineté serait une puissance suprême de l'État à l'intérieur d'un territoire, d'une part, et d'autre part, une puissance indépendante vis-à-vis des autres puissances étatiques. Elle traduit l'absence de subordination de l'État à l'endroit d'un autre État[29].

Si l'on part du postulat de définition de la souveraineté de l'État en droit international en termes de « *liberté légale* », de « *capacité légale d'agir* », cette appréhension formelle de la souveraineté de l'État n'est pas de nature à rendre substantiellement compte de l'État dans une société internationale qui intègre aujourd'hui plusieurs clivages – pays développés, pays en développement, pays les moins avancés, pays pauvres et très endettés, etc. – et connaît l'avènement d'acteurs nouveaux qui tendent à impacter sur l'ordre des choses. C'est à ce niveau que se trouve justifiée la prise en compte

---

[27] M. VIRALLY, *Le droit international en devenir, op.cit*, p. 53.

[28] J. COMBACAU et S. SUR, *Droit international public*, Paris, Montchrestien, 11e éd., 2014, p. 237.

[29] J. SALMON (dir.), Dictionnaire précité, p. 1045. De même, Sentence arbitrale Max HUBER, Cour pénale internationale, Affaire de l'Île de Palmas (ou Miangas), Les Etats unies c/ Les Pays-Bas, Haye, 4 avril 1928, http://www.haguejusticeportal.net. Consulté le 18/03/2017, 14h35mn, 43p.

tant de la dimension formelle que de celle matérielle de la souveraineté. En effet, pour certains à l'instar de Michel VIRALLY, la souveraineté est une notion évolutive. Elle ne se définit pas par déduction à partir d'un principe axiologique. Elle a un « *contenu variable* » qui « *dépend de l'état du développement du droit international à un moment donné* ». Par conséquent, précise-t-il, *« la souveraineté à la fin du XXe siècle (...) n'est pas nécessairement identique à celle du XIXe siècle, ni même celle qui était admise il y a cinquante ans* »[30]. Ainsi, si le critère formel pleinement consacré renvoie à appréhender la souveraineté à partir de cette capacité légale à agir internationalement, sur le plan matériel, elle devrait davantage être mobilisée à partir de l'étendue, la nature et les modalités d'exercice des compétences étatiques[31], voire à partir d'un certain nombre de compétences que possède l'État au niveau international[32]. Si une critique est conséquente à ce niveau, la souveraineté devrait varier selon l'État et en fonction de ses engagements au niveau international. La souveraineté pouvant être considérée comme une chose que l'on peut perdre, partager, diviser ou diminuer, on évoquerait les différents degrés de

[30] M. VIRALLY, « Panorama du droit international contemporain », cité par L. BAL, *Le mythe de la souveraineté en droit international, La souveraineté des États à l'épreuve des mutations de l'ordre juridique international*, Thèse, Université de Strasbourg, 3 Février 2012, note 66, p. 25.

[31] Voir en ce sens, l'affaire du Vapeur Wimbledon, Arrêt du 17 août 1923, CPJI, http://www.icj-cij.org/pcij/serie_A/A_01/03_Wimbledon_Arret_08_1923.pdf, Consulté le 12/03/2017, 5h49mn, 40p.

[32] L. BAL, Thèse précitée, p. 26.

souveraineté : souverain, mi-souverain, quasi souverain[33]. Cette dimension s'impose désormais dans le questionnement sur la souveraineté de l'État dans l'ordre international contemporain[34].

La convocation de cette dimension matérielle est d'autant fondamentale qu'il est question de s'accorder sur la souveraineté de l'État en Afrique. Si le concept d'« *Afrique* » peut s'entendre de plusieurs réalités[35] suivant certaines disciplines, dans la présente étude, il renvoie à la sphère territoriale qui est celle du continent africain à partir duquel est saisi l'État. Il ne s'agit donc pas de questionner l'effectivité de l'État africain, mais de saisir sa souveraineté dans son commerce sur la scène internationale. La mobilisation de cet ancrage géographique dans la discussion pourrait laisser croire que la réflexion a un penchant pour le relativisme culturel opposé à l'universalisme qui envisage une lecture de la souveraineté à l'identique quelle que soit la société concernée. La présente réflexion opte pour un universalisme en interaction avec les particularismes liés à l'Afrique. Il est donc question de l'appréhension de la souveraineté de l'État africain à partir d'un contexte de paupérisation, de crises économique, sociale et politique qui justifient la sollicitation de l'aide et les conditions qui

---

[33] *Ibid.*, p. 26.

[34] J. COMBACAU et S. SUR, *Droit international public*, *op.cit*, p. 259.

[35] L. SINDJOUN, *Sociologie des relations internationales africaines*, Paris, Karthala, 2002, pp. 10-19.

l'assortissent, lesquelles sont de nature à déteindre sur la souveraineté[36].

Les mutations, pouvant s'entendre comme « *l'apparition de propriétés nouvelles fondamentales différentes du système originel par suite de la transformation du code ou du système* »[37], impliquent, relativement à l'ordre international, les différentes fluctuations connues par la société internationale et son droit[38], lesquelles traduisent sa contemporanéité. Selon Serges SUR, la société internationale contemporaine est conséquente aux clivages et contradictions de la période 1945-1990, du tournant de la décennie 1990 et des données et perspectives de l'après 11 septembre 2001[39].

---

[36] P-M. DUPUY et Y. KERBRAT, *Droit international public*, *op.cit*, p. 2 ; M. KAMTO (dir.), *La conditionnalité dans les relations internationales*, Actes du Colloques de Yaoundé, 20-22 juillet 2004, 132p.

[37] F. EBOUSSI BOULAGA, « Changement et mutation », in M. KAMTO (dir.), *L'Afrique dans un monde en mutation, Dynamiques internes, marginalisation internationale ?,* Yaoundé, Afrédit, Janvier 2010, p. 26.

[38] P-M. DUPUY et Y. KERBRAT, *Droit international public*, *op.cit*, pp. 7-12 ; E. JOUANNET, « L'idée de communauté humaine à la croisée de la communauté des États et de la communauté mondiale », https://www.univ-paris1.fr/pdf; Consulté le 06/8/2016, 19h28mn, 34p. ; M. VIRALLY, *Le droit international en devenir*, *op.cit*, pp. 13-30.

[39] De 1945-1990, l'on peut noter les mutations de la société internationale conséquentes aux contradictions Est-Ouest et le clivage Nord-Sud. Pour la décennie 1990, elle est marquée par l'effondrement de l'URSS et du camp socialiste, la réunification de l'Allemagne, l'éclatement et la marginalisation du « Sud » et la dislocation de la Yougoslavie. Relativement au 11 septembre 2001, l'on note : le questionnement sur l'hégémonie américaine et les vicissitudes de la gouvernance internationale, mises en exergue par l'affaiblissement des

L'ordre international classique, caractérisé par la volonté de l'État[40], connaîtra des mutations majeures qui ne manqueront pas de déteindre sur l'État et spécifiquement, sur son substrat qu'est la souveraineté[41]. Il est donc question de savoir : comment se transcrit la souveraineté de l'État en Afrique à l'épreuve des mutations de l'ordre international ? Ce questionnement se fera en marge des débats relatifs à la dialectique souveraineté nationale et souveraineté populaire qui a cours dans l'ordre interne et dont le droit international ne se préoccupe pas directement[42].

---

mécanismes régulateurs et les incertitudes qui entourent l'Union européenne. Voir S. SUR, *Relations internationales*, Paris, Montchrestien, 6e éd., 2011, pp. 93-159 ; J-J. ROCHE, *Relations internationales*, Paris, Lgdj, 7e éd., 2014, pp. 17-67. Sur les caractères généraux de cette société internationale contemporaine que sont les caractères clos et décentralisés d'une part et d'autre part conflictuel et délibérant, Voir P.-M. DUPUY et Y. KERBRAT, *Droit international public*, *op.cit*, pp. 2-7.

[40] M. KAMTO, *La volonté de l'État en droit international*, Académie de Droit international de La Haye, Recueil des cours, tome 310 (2004), Martinus Nijhoff Publisher, Leiden/Boston, 2007, 427p. ; J-A. CARRILLO-SALCEDO, « Droit international et souveraineté des États », *RCADI*, Vol. 257, 1996, pp. 71-114 ; G. ABI-SAAB, « Cours général de droit international public », *RCADI*, Vol. 207, 1987, pp. 64-66.

[41] SFDI, *L'État souverain à l'aube du XXIe siècle*, Paris, A. Pedone, 1994, 318p. , spécifiquement, la contribution de J. CHARPENTIER, « Le phénomène étatique à travers les grandes mutations politiques contemporaines », pp. 11-38. Se référer aussi à : J-L. COHEN, « Les transformations contemporaines de la souveraineté », http://www.raison-publique.fr/IMG/pdf; Consulté le 07/8/2016, 17h35mn, 30p. ;

[42]P. BRUNNET, « Les idées constitutionnelles de Raymond CARRE DE MALBERG (1861-1935) », https://halshs.archives-ouvertes.fr;

Le rendu substantiel sur cette préoccupation impose cependant de s'inscrire dans un certain courant d'épistémologique juridique. Et dans ce registre, le positivisme volontariste est indiqué. Mais, il ne sera pas celui classique fondé sur la volonté de l'État et empreint d'une certaine exigence de pureté épistémologique qui le rapproche du normativisme. Ce positivisme volontariste sera assorti du recours à l'idéologie dans les fondements et les objectifs du droit international, de même que dans l'analyse des conduites effectives de l'État en Afrique. Il s'agit du recours au positivisme sociologique illustré pat Georges SCELLE partisan de l'objectivisme sociologique hérité d'Émile DURKHEIM[43]. Le bien-fondé de cet ancrage méthodologique est fonction de ce que les facteurs matériels ont une incidence sur la formation du droit international[44]. C'est pour cela que les deux points majeurs de la réflexion porteront sur la stabilité de la souveraineté dans la formalisation de l'ordre international (I), puis sur la flexibilité de ladite souveraineté dans la matérialisation de cet ordre (II).

Consulté le 04/3/2017, 3h40mn, pp. 4-10 ; P. MORTIER, *Les métamorphoses de la souveraineté*, Thèse de doctorat, Université d'Angers, 2011, 473p.

[43] Sur les trois niveaux du positivisme, Voir P-M. DUPUY et Y. KERBRAT, *Droit international public*, *op.cit*, pp. 8-9.

[44] M. SAHOVIC, « Rapports entre facteurs matériels et facteurs formels dans la formation du droit international », *RCADI*, Vol. 199, 1986, 58p.

1. La stabilité de la souveraineté dans la formalisation de l'ordre international

Jean SALMON s'interrogeait ainsi, relativement à l'évolution de l'ordre international, « *quelle place pour l'État dans le droit international d'aujourd'hui ?* » Préoccupation majeure du fait des mutations de l'ordre international, elle appelle une réponse quasi péremptoire : celle de la stabilité de la souveraineté. La souveraineté est et demeure l'élément structurant essentiel de l'État en droit international[45]. Cette réponse tire son fondement de l'unité formelle de l'ordre juridique international qui impose comme le suggère Pierre-Marie DUPUY, de se départir, volontairement, du contexte idéologique, politique et social au sein duquel prend place l'ordre juridique international[46]. En effet, étymologiquement, le « *formel* » renvoie à l'apparence et, pour le cas d'espèce, à la prise en compte des seules normes juridiques suivant le normativisme kelsenien, indépendamment de tout autre matériau[47] à l'étude de la définition de la souveraineté de l'État dans l'ordre international. Ce qui permet d'entrevoir l'État comme fondement de l'unité formelle de cet ordre par la souveraineté. L'on peut ainsi saisir cette

---

[45] J. SALMON, « Quelle place pour l'État dans le droit international d'aujourd'hui ? », *op.cit,* pp. 53 et s.

[46] P-M. DUPUY, *L'unité de l'ordre juridique international*, Cours général de droit international public, Académie de Droit International de La Haye, Recueil des cours, tome 297 (2002), Martinus Nijhoff, Publishers, 2003, p. 94.

[47] A-J. ARNAUD (dir.), *Dictionnaire encyclopédique précité*, pp. 268-269.

souveraineté dans l'ordre international par son affirmation (A) et dans celui communautaire, par son expression (B).

A) L'affirmation de la souveraineté dans l'ordre international

L'affirmation de la souveraineté de l'État dans l'ordre international est concrète en ce que la souveraineté est le critère de l'État (1), d'une part, et, d'autre part, elle appelle en guise de conséquence à la volonté de l'État comme structurant de l'ordre international (2).

1) La souveraineté : critère de l'État en droit international

L'État est un être juridique. S'il s'entend d'une personne morale, il s'agit avant tout d'une fiction juridique qui est un « *procédé de technique juridique consistant à supposer un fait ou situation différente de la réalité pour en déduire des conséquences juridiques* »[48]. Sur ce plan juridique, ce qui fonde et différencie la personne morale qu'est l'État au-delà de son caractère public et de par la mission qui est la sienne de satisfaire l'intérêt général, c'est la souveraineté. En effet, ce qui différencie l'État des autres types de sujets existants ou virtuels, du droit international, c'est la souveraineté. Une doctrine établie écrit dans ce sens que « *l'État occupe encore et toujours une place privilégiée parce que seul, il possède la souveraineté, c'est-à-dire la plénitude des*

[48] P-M. DUPUY, *L'unité de l'ordre juridique international*, Cours précité, p. 98. Dans le même esprit, J. A. SALMON, « Le procédé de la fiction en droit international public », *RBDI*, 1974, n°1, pp. 11-35.

compétences susceptibles d'être dévolues à un sujet de droit international »[49].

La définition de la souveraineté comme critère de l'État est confirmée par la Cour internationale de justice dans son avis de 1949 sur la réparation des dommages subis au service des Nations Unies[50]. Elle notait que c'est la souveraineté qui permet de distinguer l'État de l'organisation internationale, laquelle ne détient que des compétences fonctionnelles, étroitement circonscrites à la réalisation de son objet et de ses buts[51]. Cette place de choix qui échoit à la souveraineté de l'État dans l'ordre international contemporain est conséquente de ce que souveraineté et indépendance de l'État sont liées. Si l'indépendance est le critère de la souveraineté, celle-ci en revanche, est le garant de l'indépendance. De même, c'est la souveraineté qui fonde l'autonomie de l'État. Ce qui justifie la consubstantialité entre souveraineté et identité de l'État[52]. C'est dans ce sens que la Cour permanente de justice internationale affirmait dans l'affaire du Lotus en

---

[49] P-M. DUPUY et Y. KERBRAT, *Droit international public*, *op.cit*, p. 31.

[50] Réparation des dommages subis au service des Nations Unies, Avis consultatif du 11 avril 1949. V. P. M. EISEMANN et P. PAZARTZIS, *La jurisprudence de la Cour internationale de justice*, Paris, Pedone, 2008, pp. 793-797.

[51] *Ibid*., pp. 794-795.

[52] P-M. DUPUY et Y. KERBRAT, *Droit international public*, *op.cit*, pp. 31-32.

1927 que le droit international régissait les relations entre des États indépendants[53].

La Charte des Nations Unies s'ouvre sur le principe de l'égalité souveraine de tous ses membres[54]. Ainsi, la Charte, Constitution mondiale si l'on en croit Sandra SZUREK[55], n'entend imprimer aucune distinction entre les États sur la scène internationale, quelles que soient leur taille, leur population, leur forme de gouvernement ou leur puissance. La seule qualité reconnue est le statut de membre. Fort de cela, si la souveraineté a été posée aux premières heures comme l'expression d'un pouvoir absolu, illimité et inconditionné pour reprendre Jean BODIN ou Georg JELLINEK qui parlait de la compétence de la compétence, elle est davantage en droit international, l'expression d'une liberté, d'une puissance. Ce qui justifie la position ferme d'Alain PELLET suivant laquelle, la souveraineté comme un pouvoir suprême, illimité et inconditionné, cela est impossible dans l'ordre international. Les souverains, c'est-à-dire les États y

---

[53] Publications de la Cour permanente de justice internationale, « Affaire du « LOTUS » », *Recueil des arrêts*, Arrêt n° 9, Série A, n° 10, 7 septembre 1927, Collection des jugements, p. 18. Cf. http://www.icj-cij.org/pcij/serie_A/A_10/30_Lotus_Arret.pdf ; Consulté le 14/01/2016, 16h39mn, 61p.

[54] Cf. Article 2 paragraphe 1 de la Charte des Nations Unies. Pour le commentaire, notamment M. G. KOHEN, « Article 2 Paragraphe 2 », in J-P. COT, A. PELLET et M. FORTEAU (dir.), *La Charte des Nations Unies, Commentaire article par article*, Tome 1, Paris, Economica, 3e éd., 2003, pp. 399-416.

[55] S. SZUREK, « La Charte des Nations Unies, Constitution mondiale? », in J-P. COT, A. PELLET et M. FORTEAU (dir.), *La Charte des Nations Unies, op.cit,* pp. 27-68.

coexistent et les pouvoirs de chacun y sont nécessairement bornés par ceux, égaux, de tous les autres[56]. La souveraineté apparaît donc dans l'ordre international comme la source des compétences étatiques et celles-ci ne sont concevables que pour autant qu'elles sont compatibles avec celles des autres États, souverains aussi[57].

Au nombre des corollaires de la souveraineté, se trouvent : l'identité de l'État, la plénitude et le caractère exclusif de compétences. Dire de la souveraineté de l'État qu'elle est dotée d'identité revient à mettre en exergue l'élément le plus fondamental du droit international classique qu'est l'égalité souveraine des États. Ce principe d'égalité souveraine induit comme autre exigence, un traitement juridiquement identique dans l'ordre international. Ce qui justifie que l'ordre juridique international soit fondé comme le relève Pierre-Marie DUPUY, sur « *le conditionnement réciproque de ses sujets* »[58]. Il s'agit de l'aptitude qu'a un sujet de droit international à revendiquer le bénéfice de prestations équivalentes à celles d'autres sujets de droit et la liberté qu'il a à n'être pas tenu à des obligations différentes de

---

[56] A. PELLET, *Le droit international à l'aube du XXIème siècle (la société internationale contemporaine – Permanences et tendances nouvelles),* Cours donné à la session inaugurale des « *cours euro-méditerranéen Bencaja de droit international* », Espagne, Castellon, Septembre 1997, p. 53.
[57] *Ibid.*
[58] P-M. DUPUY, *L'unité de l'ordre juridique international*, *op.cit*, p. 99.

celles de ces derniers[59]. Déterminant de l'État en droit international, la souveraineté lui confère un certain nombre d'attributs juridiques tels la capacité de produire des actes juridiques, de se voir imputer des faits illicites internationaux ; de devenir membre et de participer pleinement à la vie des organisations internationales ; d'ester en justice devant les juridictions et tribunaux arbitraux internationaux ; d'exercer la généralité des compétences personnelles ; d'apprécier librement l'existence, le sens et la portée des droits et obligations dont il est titulaire[60].

La plénitude de compétences conférée à l'État par la souveraineté implique, entre autres conséquences, comme l'atteste la Cour permanente de justice internationale dans l'affaire du Vapeur Wimbledon, que la conclusion d'un traité, quelle que soit sa nature, ne saurait constituer un abandon de souveraineté[61]. Les obligations contractées par l'État n'altèrent pas sa souveraineté. Au contraire, comme le souligne Jean SALMON, « *la faculté de contracter des engagements internationaux est précisément un attribut de l'État* »[62]. La souveraineté de l'État dans l'ordre international signifie que l'État n'est soumis à aucun autre

[59] Sur ce principe, J. SALMON, Dictionnaire précité, pp. 933-936.
[60] P-M. DUPUY, *L'unité de l'ordre juridique international*, *op.cit*, p. 100.
[61]Résumé des arrêts, avis consultatifs et ordonnances de la Cour permanente de Justice internationale, Vapeur « Wimbledon, arrêt du 17 août 1923, CPJI, Série A n° 1, http://www.icj-cij.org/pcij/serie_A/A_01/03_Wimbledon_Arret_08_1923.pdf, Consulté le 31/10/2016, 18h58mn, 6p.
[62] J. SALMON, *Quel place pour l'État…*, Cours précité, p. 54.

pouvoir de même nature. L'égalité juridique entre États se présente ainsi comme un concept formel permanent dont la matérialisation se trouve affirmée par le caractère exclusif de compétences. Une compétence n'est exclusive que lorsqu'elle relève de la souveraineté de l'État et échappe, sauf engagement contraire de la part de l'État, à toute règlementation par le droit international. La souveraineté seule, détermine donc en droit international, la nature de l'exercice de compétences. Toute limitation ou l'exercice concurrent de compétences n'est rien d'autre que la manifestation de la souveraineté de l'État.

En dépit des mutations de l'ordre international qui ont souvent eu maille à partir avec la toute-puissance de l'État, donnant pour incompatible la coexistence entre souveraineté et existence du droit dans l'ordre international, la souveraineté de l'État reste la règle dans la formation du droit international du fait du caractère volontariste de ce dernier.

2. La souveraineté : fondement du caractère volontariste de l'ordre international

Maurice KAMTO, en introduisant son cours à l'Académie de droit international de La Haye, soulignait que « *la volonté de l'État occupe une place centrale dans la théorie traditionnelle du droit international et demeure aujourd'hui encore, une pierre angulaire du droit des gens* »[63]. Fruit du volontarisme défini comme la doctrine juridique selon laquelle, le droit international est fondé sur la volonté des États[64], l'idée qui sous-tend le concept de « *volonté de l'État* » est fonction de la dimension contractuelle propre aux rapports dans l'ordre juridique interne. Dans cet ordre, le droit, et en particulier celui contractuel est le produit de la volonté humaine. Le droit international ne s'en éloigne pas. Il est à ce titre, le produit des volontés concertées des États érigés en êtres juridiques capables de délibérer en conscience sur leurs décisions. C'est en cela que Carl Heinrich TRIEPEL relève que la seule volonté qui crée le droit en droit international, c'est la volonté commune, c'est-à-dire celle issue de la somme de volontés des États dans l'ordre international[65]. Juan-Antonio CARRILLO-SALCEDO ne retient pas autre chose lorsqu'il écrit que : « *les normes juridiques internationales procèdent (...) de la manifestation de la volonté des États souverains* »[66].

La focale mise sur le concept de volonté est fonction de ce qu'usuellement, l'on se contente de définir l'État à partir de ses éléments d'identification que sont : la souveraineté et la personnalité morale ou juridique internationale. La personnalité morale, fiction juridique

---

[63] M. KAMTO, *La volonté de l'État en droit international*, Cours précité, p. 23.

[64] J. SALMON, Dictionnaire précité, p. 1140

[65] C. H. TRIEPEL, « Les rapports entre le droit interne et le droit international », Cours précité, pp. 82-83.

[66] J-A. CARRILLO-SALCEDO, « Droit international et souveraineté des États, Cours général de droit international public », *RCADI*, Vol. 257, p. 75.

construite intellectuellement, institue l'État en droit international. C'est en cette qualité que le droit international l'appréhende et le prend en compte[67]. Comme le démontre Maurice KAMTO à partir des travaux de SAVIGNY, « *les personnes morales sont pourvues de volonté* »[68]. Cette thèse est fondée au plan formel par l'idée suivant laquelle « *l'union des individus est organisée sur la base d'un statut, en vertu duquel la volonté commune sera exprimée par un ou plusieurs membres du groupe ayant qualité pour décider et agir pour le compte de celui-ci* ». Le groupe possède au moins juridiquement dans ce registre suivant Raymond CARRE DE MALBERG, « *une volonté et une puissance propres, en ce sens que sa volonté n'est plus déterminée par les associés comme tels, mais devient une volonté indépendante d'eux et supérieure à eux* »[69]. La volonté du groupe est à ce titre constituée non par les volontés individuelles de tous ses membres, mais par la volonté de certains d'entre eux. Toutefois, cette volonté réside et prend naissance dans les groupes, en l'occurrence l'État[70]. Cette orientation rejoint ainsi la définition donnée par Maurice HAURIOU de l'institution qui est « *une idée*

[67] M. KAMTO, *La volonté de l'État en droit international*, Cours précité, pp. 27-28.
[68] *Ibid.*, p. 28.
[69]R. CARRE De MALBERG, *Contribution à la théorie générale de l'État*, Réédition présenté par Eric MARTIN, Paris, Dalloz, 2003, p. 32.
[70] Se référer à la théorie de la représentation. En ce sens, P. BRUNNET, « La représentation », in M. TROPER et D. CHAGNOLLAUD, *Traité international de droit constitutionnel*, Tome 1, Paris, Dalloz, 2012, pp. 607-641.

d'œuvre ou d'entreprise qui se réalise et dure juridiquement dans un milieu social ; pour la réalisation de cette idée, un pouvoir s'organise qui lui procure des organes ; (...) entre les membres du groupe social intéressé à la réalisation de l'idée, il se produit des manifestations de communions dirigées par les organes du pouvoir et réglées par des procédures. »[71] La personnalité morale qui découle de cette structuration corporative fait du groupe un corps constitué. Ce groupe acquiert par l'entremise de ses organes, la capacité d'acquérir, laquelle est source de volonté et de manifestation de souveraineté pour l'État[72].

Suivant ce soubassement théorique, la saisie formelle du droit international maintient au titre de la souveraineté de l'État, y compris en Afrique[73], la plénitude de la personnalité juridique dans l'ordre juridique international[74]. En effet, un certain nombre d'attributs juridiques sont attachés à la possession de la personnalité. L'État, y compris en Afrique les détient du simple fait de sa seule existence. Il s'agit notamment de la capacité de

---

[71] M. HAURIOU, *Précis de droit administratif et de droit public*, Réédition présentée par Pierre DELVOLVE et Franck MODERNE, Paris, Dalloz, 2002, Préface de la onzième édition, p. vI.

[72] M. HAURIOU, *Précis de droit administratif et de droit public*, *op.cit*, p. 43 ; J. COMBACAU et S. SUR, *Droit international public*, *op.cit*, pp. 229-230.

[73] Sur la dialectique unité et dualité de la souveraineté dans l'ordre international, J-D. MOUTON, « L'État selon le droit international : diversité et unité », in SFDI, *L'État souverain à l'aube du XXIe siècle*, Colloque précité, pp. 93-106.

[74] P-M. DUPUY, *L'Unité formelle de l'ordre juridique international*, Cours précité, p. 100.

produire des actes juridiques ; de se voir imputer des faits illicites internationaux ; d'exercer la généralité des compétences territoriales et la plénitude des compétences personnelles ; d'apprécier librement l'existence, le sens et la portée des droits et obligations dont il est titulaire[75]. S'il y a un élément qui tend à attester de la souveraineté de l'État en Afrique face aux mutations de l'ordre international, et qui est conséquent à la souveraineté, c'est ce caractère volontariste de l'État.

De la construction faite de la théorie de la volonté de l'État en droit, l'on retient au titre de la résistance de l'État en tant que sujet souverain que la volonté est le moteur de l'action. C'est ce qui rend capable d'agir. Ainsi, l'idée d'action est indissociable de celle de sujet de l'action. Les actions adviennent seulement par la volonté des sujets et ceux-ci en sont les auteurs. Les actions sont donc des actes volontaires qui ont leurs principes dans leurs acteurs. La volonté se conçoit donc comme liberté, libre puissance d'agir, c'est-à-dire « *le pouvoir de pouvoir* »[76]. C'est donc en cela que souveraineté et volonté de l'État sont liées. Car, la volonté de l'État traduite en actes, n'est que l'expression de la souveraineté. La souveraineté étant la source de toutes compétences et actions de l'État dans l'ordre international y compris pour l'État africain.

---

[75] *Ibid.*

[76] M. KAMTO, *La volonté de l'État...*, Cours précité, pp. 36-60, spécifiquement, p. 36 ; N. MOUELLE KOMBI, *La politique étrangère du Cameroun*, Paris, l'Harmattan, 1996, pp. 7-8.

Suivant ce postulat, l'État même saisi à partir de l'Afrique où il est souvent présenté comme pauvre, institutionnellement faible, en dissonance d'avec les standards internationaux de définition de l'idéal étatique, demeure formellement un État et le reste de par la seule jouissance de la souveraineté. Partant de la théorie des classes sociales envisagées par Karl MARX, l'approche de Pierre BOURDIEU nous conforte dans notre assentiment sur la réfutation de la dualisation de la souveraineté et par ricochet de la définition de l'État en droit international. En effet, écrit-il, « *non les classes sociales n'existent pas (...). Ce qui existe, c'est un espace social, un espace de différences, dans lequel les classes existent en quelque sorte à l'état virtuel, en pointillé, non comme une donnée, mais comme quelque chose qu'il s'agit de faire* »[77]. À partir de ce construit, l'on est fondé à partir de notre posture de positiviste et en rapport spécifique à la mobilisation de la notion de souveraineté de l'État, à relever avec Jean-Denis MOUTON, que la théorie de la dualisation de la souveraineté ne peut être retenue par le juriste[78]. D'où, le fait que sur le plan formel, l'État est et demeure un État, y compris en Afrique.

Les récentes prises de position du Burundi, de l'Afrique du Sud, de la Gambie ou du Kenya courant le mois d'octobre 2016 qui notifièrent à la Cour pénale internationale, conformément à l'article 127 du statut de

---

[77] P. BOURDIEU, *Raisons pratiques sur la théorie de l'action*, Paris, Seuil, 1994, p. 28.
[78] J-D. MOUTON, « L'État selon le droit international : Diversité et unité », *op.cit*, p. 88.

Rome leur volonté de ne plus faire partir de cette organisation, attestent de la souveraineté de l'État en Afrique[79]. Les décisions de ces États sont conséquentes aux discriminations négatives dont font l'objet les États africains vis-à-vis de la Cour pénale internationale (CPI). Les relations tendues entre la CPI et l'Afrique peuvent se ramener à toutes les procédures ouvertes depuis 2004 dans huit (8) États d'Afrique (l'Ouganda, la République démocratique du Congo, le Soudan, la République centrafricaine, la République du Kenya, la Libye, la Côte d'Ivoire et le Mali). Le comportement dissonant de la CPI dans la poursuite et la répression des crimes contre l'humanité commis sur les territoires africains par rapport à ceux ayant eu lieu au moyen orient, en orient, donne à voir d'une appréciation fluctuante suivant les États et parfois sur le même continent. Les situations en Syrie, Irak, Birmanie, Israël, Afghanistan, Géorgie, Guinée, Colombie, Honduras, Corée du Nord et le Nigeria le traduisent. Enfin, la crise de confiance entre la CPI et l'Union Africaine suite à la poursuite par cette dernière des Chefs d'États, de gouvernement, voire d'officiels couvert par l'immunité diplomatique et en plein exercice de leurs fonctions[80]. C'est cette focalisation sur l'Afrique

---

[79]Le Monde Afrique, « Ces pays africains qui désertent la Cour pénale internationale », http://www.lemonde.fr/afrique/article/2016/10/27/les-pays-africains-desertent-la-cour-penale-internationale_5020964_3212.html, Consulté le 13/03/2017, 14h16mn.

[80] Sur ce rendu, Voir : O. NAREY, « La Cour pénale internationale et l'Afrique… » Article précité, pp. 2-3. Pour l'altération de la souveraineté de l'État africain du fait de la justice pénale

qui justifie et manifeste la souveraineté de l'État africain. Ce comportement des États africains atteste de l'expression de la souveraineté de l'État que l'ordre communautaire met à suffisance en lumière.

B) L'expression de la souveraineté dans l'ordre communautaire

L'ordre communautaire, en tant qu'ordre intégré, induit par principe, la définition du supranationalisme entre ce dernier et les États qui le composent. Mais cet ordre peine encore à s'affirmer en Afrique. D'où, la récurrence de l'interétatisme (1) et la prééminence de la souveraineté de l'État dans la dévolution du pouvoir (2).

1) La prégnance de l'interétatisme dans l'édification de l'ordre communautaire

Si l'interétatisme est souvent donné comme étant au milieu du guet avec l'avènement des organisations internationales[81], il n'en demeure pas moins que « *force est d'admettre que l'entreprise d'intégration régionale aura d'autant plus de chances de succès que les États qui y sont impliqués seront eux-mêmes établis sur des bases socio-matérielles stables (...)* »[82]. Ainsi, indépendamment

---

internationale, El. H. DIOP, « L'Afrique à l'épreuve de la justice pénale… », Article précité, pp. 14-21.

[81] A. PELLET, *Le droit international à l'aube du XXème siècle...*, Cours précité, pp. 71-84.

[82] N. MOUELLE KOMBI, « L'intégration régionale en Afrique Centrale : entre interétatisme et supranationalisme », in H BEN HAMMOUDA, B. BEKOLO EBE, T. MAMA (dir.), *L'intégration*

de la marche du monde, la souveraineté demeure le caractère fondamental de l'État dans l'ordre juridique international et les différentes aspirations n'en sont que des modulations. C'est en cela que se trouvent justifiés les encadrements constitutionnels de la souveraineté de l'État en marge de l'ordre juridique international. De même, les rapports entre les ordres juridiques interne et international sont clairement définis dans les constitutions africaines[83].

Si un accent particulier est mis sur l'exercice de la souveraineté par le peuple[84], un autre pan de cette souveraineté est transcrit dans les rapports entre les ordres juridiques interne et international[85]. De manière quasi générale, il est fait allusion dans les constitutions africaines du droit international. Ceci, par l'encadrement des traités et accords internationaux et la définition des dispositions spécifiques déterminent la nature des autorités

---

régional en Afrique Centrale : bilan et perspectives, Paris, Karthala, 2003, p. 206.

[83] A. ONDOUA, « Le droit international dans la Constitution camerounaise », in J-L. ATANGANA AMOUGOU (dir.), *Le Cameroun et le droit international*, Paris, Pedone, 2014, pp. 295-307 ; I. DIAITE, « Les constitutions africaines et le droit international », *Annales africaines*, 1973, pp. 33-51.

[84] Dans la quasi-totalité des constitutions africaines, il est clairement fait mention de ce que « le peuple exerce la souveraineté » tant dans le préambule que dans certaines dispositions expresses du corpus constitutionnel. Voir : article 4, Constitution du Bénin du 11 décembre 1990 ; Préambule et article 26 de la Constitution malienne de 1992 ; Article 31 de la Constitution de Côte d'Ivoire du 23 juillet 2000 ; Article 2 de la Constitution camerounaise du 18 janvier 1996 ; Article 2 de la Constitution sénégalaise, etc.

[85] Voir C. H. TRIEPEL, « Rapports entre le droit interne et le droit international », *RCADI*, 1923 – 1, Tome 1, pp. 77-121 ; M. VIRALLY, *Le droit international en devenir*, *op.cit*, pp. 103-117.

intervenant dans la procédure d'élaboration des traités, de même qu'il est précisé la valeur juridique des traités et accords internationaux par rapport aux normes internes. Dans ce registre, s'il est confié au Président de la République l'aptitude à négocier et ratifier les traités[86], ces derniers ont généralement une valeur inférieure à la Constitution et supérieure à la loi. Ce qui tend à inscrire les constituants africains dans l'option du courant moniste avec primauté du droit interne. Les constituants africains le posent expressément. Les traités ou accords internationaux régulièrement approuvés ou ratifiés ont, dès leur publication, une autorité supérieure à celle des lois[87]. L'affirmation de la souveraineté de l'État en Afrique est généralement traduite par la Constitution lorsqu'elle conditionne l'applicabilité des traités et accords internationaux par la réciprocité[88]. L'exception d'inexécution qui caractérise la réciprocité en matière contractuelle participe de l'affirmation formelle de l'égale souveraineté des États.

La souveraineté de l'État africain est d'autant affirmée que l'État est désormais au cœur de la dynamique

---

[86] Cf. Article 43 de la Constitution camerounaise du 18 janvier 1996 ; Article 213 de la Constitution de la RDC ; Article 147 de la Constitution béninoise ; Article 79 de la Constitution sénégalaise.

[87] Cf. Article 45 de la Constitution camerounaise ; Article 147 de la Constitution béninoise ; Article 79 de la Constitution sénégalaise ; Article 215 de la Constitution de la RDC ; Article 116 de la Constitution malienne ; Article 140 de la Constitution togolaise, etc.

[88] Cf. Article 45 de la Constitution camerounaise ; Article 140 de la Constitution togolaise ; Article 116 de la Constitution malienne ; Article 147 de la Constitution béninoise ; Article 184 de la Constitution du Congo Brazzaville du 20 janvier 2002, etc.

intégrationniste. La rencontre entre deux objets : l'un, ancien, la souveraineté de l'État, et l'autre, nouveau, le phénomène communautaire, traduit le caractère concurrent de puissances. Ce qui est source de toutes les incertitudes et justifie, les caractères improbable, troublant et fascinant de ces rapports. La mise en exergue de la souveraineté de l'État par ce rapprochement peut se lire à partir de la contribution de la souveraineté dans la construction de l'ordre communautaire d'une part et d'autre part dans la remise en cause de cet ordre comme manifestation de ladite souveraineté.

La manifestation de la souveraineté dans la construction de l'ordre communautaire est fondée sur la volonté de l'État[89] qui structure son action dans l'ordre international. Si l'ordre juridique communautaire renvoie à un nouvel univers juridique distinct et empruntant ses techniques aussi bien au droit international qu'au droit national, il s'agit d'un ordre juridique supranational, c'est-à-dire placé au dessus des ordres nationaux ou au dessus des ordres d'un groupe d'États[90]. Relativement à cette relation de participation de la souveraineté à la

---

[89] N. MOUELLE KOMBI, « Les aspects juridique d'une union monétaire : l'exemple de l'Union monétaire de l'Afrique centrale (UMAC) », http://afrilex.u-bordeaux4.fr; Consulté le 27/2/2017, 11h57mn, pp. 94 et S.

[90] Voir C GREWE, « Constitutions nationales et droit de l'union européenne », *Rep. Communautaire Dalloz*, Janvier 2009, 30p. ; A. ONDOUA, *Etude des rapports entre le droit communautaire et la Constitution en France : l'ordre constitutionnel comme guide au renforcement de l'intégration européenne,* Paris, L'Harmattan, 2002, 482p.

structuration de l'ordre juridique communautaire, l'État, en tant que sujet souverain, est cofondateur de l'ordre juridique communautaire, tout comme il participe à l'exécution de cet ordre.

En effet, de même que l'ordre juridique international, l'édification de l'ordre juridique communautaire, est le fruit de la volonté de l'État. Cette volonté est perceptible à partir de deux pôles : les communautés économiques régionales qui sont des créatures de l'État souverain et la manifestation de cette volonté de l'État, en tant qu'être souverain, dans la mise en œuvre du processus d'intégration[91]. Les organisations d'intégration, qu'elles soient sous-régionales ou, régionales, sont le fait d'actes consensuels des États et non de ceux unilatéraux. Il s'agit de conventions, fruits de la volonté des États qui sont à la base de ces institutions. L'Organisation de l'Unité Africaine (OUA) en fût l'illustration comme le dispose l'article 1er du Traité l'instituant suivant lequel les « *Hautes parties contractantes constituent par la présente Charte...* ». L'égalité souveraine avancée entre États est le soubassement de ce consensualisme. La Déclaration de Syrte qui par la volonté des États contractants a donné naissance à l'Union africaine[92] le traduit tout aussi. L'on

[91] Pour une approche historique du processus d'intégration, Voir S. DIOUF, « Contribution à l'analyse historique de l'intégration africaine », *Nouvelles annales africaines*, Revue de la Faculté des Sciences Juridiques et Politiques - UCAD, n° 1, 2012, pp. 10-17.

[92] Déclaration de Syrte, Adoptée à Syrte, la Grande Jamahiriya Arabe Libyenne Populaire et Socialiste, le 9 septembre 1999, in Association pour la prévention de la torture, *Protection des droits de l'homme en*

peut en dire autant de toutes les organisations sous-régionales qui ont cours en Afrique[93].

La souveraineté de l'État est manifestée tant dans la création de ces institutions que dans celle d'institutions annexes participantes de l'effectivité du processus d'intégration. Il en est ainsi de toutes les institutions complémentaires instituées par les États : Unions monétaires, Unions économiques, Cours de justice, Parlements communautaires, etc. mises sur pied par les États. C'est le cas notamment avec la Communauté Economique et Monétaire de l'Afrique Centrale (CEMAC) où les pères fondateurs, désireux d'établir une organisation commune dotée de compétences instituent des organes propres pour compléter l'action de la Communauté. Il s'agit de l'Union Economique de l'Afrique Centrale (UEAC), de l'Union Monétaire de l'Afrique Centrale (UMAC), de la Cour de justice communautaire et du Parlement communautaire, etc.[94] L'on peut en dire autant de la Communauté Economique

---

Afrique, Recueil des textes, Préface de Bacre Waly Ndiaye, Suisse, Edité par Jean-Baptiste Niyizurugero, 2006, p. 91.

[93] Lire dans ce sens les articles 2 du Traité du Traité révisé de la Communauté économique des États de l'Afrique de l'Ouest (CEDEAO) ; 2 du Traité modifié de l'Union économique et monétaire ouest africaine (UEMOA) ; 2 du Traité instituant la SADC, etc. En ce sens, A. TCHAMENI, *Les évolutions du régionalisme africain, Le fonctionnement des communautés économiques régionales*, Paris, L'Harmattan, Coll. « *Etudes africaines* », 2013, 494p.

[94] Se référer aux articles 10 du Traité instituant la CEMAC et 1 de l'Additif au Traité de la CEMAC relatif au système institutionnel et juridique de la Communauté.

des États de l'Afrique de l'Ouest (CEDEAO)[95], de la Southern Africa Developpement Community (SADC)[96].

La manifestation de la souveraineté de l'État ne se limite pas à la mise sur pied de ces institutions. Elle s'étend à la définition et à la participation à l'organisation et au fonctionnement des organes institués par les États membres qui assurent le vécu de ces organisations. Il s'agit, entre autres, de la Conférence des Chefs d'États et de gouvernements, du Conseil des ministres, du Secrétariat exécutif, des Commissions techniques spécialisées, etc.[97] Dans le même registre, la modalité de prise de décision au sein de ces organisations, traduit à suffisance la volonté des États et la prégnance de la souveraineté des États. En effet, il s'agit du consensus comme modalité de prise de décision. Ce *modus vivendi* met en exergue l'idée selon laquelle l'on ne saurait imposer aux États. De ce fait, tant sur le plan institutionnel que sur le plan normatif, la volonté de l'État est au cœur du processus d'édification de l'ordre communautaire. Cette volonté est d'autant fondamentale qu'elle peut parfois s'étendre à la mise sur pied d'institutions concurrentes[98], voire à la résistance des États vis-à-vis de

---

[95] Cf. Article 6 du Traité révisé de la CEDEAO.
[96] Cf. Article 9 du Traité instituant la SADC.
[97] Se référer aux articles 6 du Traité instituant la CEDEAO ; 10 du Traité instituant la CEMAC ; 9 du Traité instituant la SADC.
[98] D. C. SOSSA, « Les concurrences de compétence entre les hautes juridictions communautaires d'Afrique de l'Ouest et du Centre : réalités et approches de solution », in *Mélanges en l'honneur de Paul Gérard POUGOUE*, Wolters Kluwer/CREDIJ, 2014, pp. 686-703 ; S. DOUMBE BILLE, « La multiplication des organisations régionales en

ces communautés pourtant mises sur pied par leur commune volonté. Il s'agit simplement de la prégnance de l'interétatisme[99] sur le communautarisme ou la supranationalité, voire de la résistance aux velléités fédéralistes pour reprendre Jean SALMON[100].

En effet, si l'ordre international classique est sous-tendu par la logique contractuelle et les obligations qui en découlent, traduites par le principe *Pacta sunt servanda*, l'ordre communautaire en revanche est caractérisé par une dynamique intégrationniste qui repousse les limites de la souveraineté de l'État. Seulement, les États africains sont encore fortement assis sur le primat de leur souveraineté[101]. Même le schéma communautaire en Afrique de l'Ouest qui tente de donner une impulsion positivement remarquable au processus d'intégration en Afrique connaît un certain retard dans la sous-région avec la CEDEAO, ce par rapport à l'Union Economique et

---

Afrique : concurrence ou diversification ? », in M. FAU-NOUGARET (dir.), *La concurrence des organisations régionales en Afrique*, Actes précités, pp. 15-28 ; S. N. TALL, «La CEDEAO et l'UEMOA : Concurrence ou complémentarité ? », *Nouvelles annales africaines*, Revue précitée, pp. 19-23.

[99] N. MOUELLE KOMBI, « L'intégration régionale en Afrique Centrale... », *op.cit*, pp. 208-217.

[100] J. SALMON, *Quelle place pour l'État...*, Cours précité, pp. 59-67.

[101] Si la prégnance de l'interétatisme est encore forte dans l'ordre communautaire africain, les rapports récents entre le Royaume uni et l'Union Européenne manifestent la prégnance de cet interétatisme. Le « *Brexit* », abréviation de « *British Exit* », évoquant la sortie du Royaume-Uni de l'Union Européenne, et faisant référence au "Grexit", néologisme apparu durant l'été 2015 lors de la crise grecque le traduit.

Monétaire Ouest-Africaine (UEMOA)[102]. L'exemple de la Côte d'Ivoire dans ses rapports avec la Communauté peut être relevé. La situation n'est pas différente dans les autres sous-régions. Dans les sous-régions, Afrique Centrale, Afrique Australe, malgré l'échec connu dans ce processus d'intégration[103] et les initiatives renouvelées[104], le maintien du caractère volontariste de l'État a toujours pris le dessus sur la communion de toutes les parties prenantes. Ce qui traduit non seulement le « *souverainisme* » des États, mais davantage « *l'internationalisme* » des principes fondamentaux de souveraineté, d'égalité juridique et d'indépendance. Comme le relève Narcisse MOUELLE KOMBI, « *les fondateurs (des institutions communautaires en Afrique Centrale) ont eu à cœur de garantir la permanence, l'intangibilité et la sacralité de la figure de l'État (...). La Communauté ne signifie pas pour eux l'union ou la fusion dans le creuset fédéral* »[105]. La

[102] A. SAKHO, « Méthodologie et contenu d'une harmonisation des règles du marché des télécommunications dans la CEDEAO. Le droit, vecteur de l'intégration des télécommunications dans la région », *Nouvelles annales africaines*, Revue précitée, pp. 32-33.

[103] M. KAMTO, « La Communauté économique des États de l'Afrique Centrale (CEEAC) une Communauté de plus ? » *AFDI*, 1987, pp. 839-863 ; A. ONDOUA, « Le Cameroun à l'épreuve de l'intégration sous-régionale en Afrique Centrale », in *Mélanges en l'honneur du Doyen François HERVOUET*, Paris, LGDJ, Coll. « *Droit et sciences sociales/Poitiers* », 2015, pp. 337-342.

[104] L. DONFACK SOKENG et J. MOUANGUE KOBILA, « La CEMAC à la recherche d'une nouvelle dynamique de l'intégration en Afrique Centrale », *AADI*, Vol. 6 1998, pp. 65-103.

[105] N. MOUELLE KOMBI, « L'intégration régionale en Afrique Centrale... », *op.cit*, p. 211.

prégnance de la souveraineté de l'État dans la dévolution du pouvoir le traduit tout aussi.

3. La prééminence de la souveraineté dans la dévolution des pouvoirs dans l'ordre interne

Au titre des valeurs de la communauté internationale se trouve l'idée de paix et de justice. La Charte des Nations Unies s'ouvre là-dessus. Son préambule porte d'emblée sur le souci de « *préserver les générations futures du fléau de la guerre (... tout comme il intègre entre autres, celui) de proclamer à nouveau notre foi dans les droits fondamentaux de l'homme, dans la dignité et la valeur de la personne humaine, dans l'égalité de droits des hommes et des femmes, ainsi que des nations, grandes et petites...* » Cette paix ne saurait se ramener uniquement à l'adoption de mesures sécuritaires ou de justice au regard des conflits qui minent l'Afrique[106]. Le principe démocratique devrait ainsi être un élément structurant de l'ordre international. S'il connait un ancrage

[106] H. WULF, « Réforme du secteur de la sécurité dans les pays en développement et les pays en transition », http://www.berghof-foundation.org, Consulté le 12/03/2017, 13h07mn, 22p. ; *La réforme des systèmes de sécurité et de justice en Afrique francophone*, Avant propos de Hugo SADA, Préface de J. S. DIOUF, Paris, Organisation internationale de la francophonie, Mars 2010, 319p. ; J. D. BOUKONGOU et J-C. TCHEUWA (dir.), *De la paix en Afrique au XXIe siècle*, Journées scientifiques du Centre d'Etudes et de recherche en Droit international et Communautaire (CEDIC), Yaoundé, Presses de l'UCAC, 2007, 233p.

philosophique et juridique depuis la Déclaration des droits de l'homme et des citoyens de 1789 dont l'article 3 dispose que « *le principe de toute souveraineté réside dans la Nation. Nul corps, nul individu ne peut exercer d'autorité qui n'en émane expressément* ». Les droits civils et politiques connaitront une consécration juridique[107] et seront reçus tant dans l'ordre communautaire africain[108] que par les États africains[109]. Si le principe démocratique est consacré par la définition du

---

[107] En ce sens, l'article 21 de la Déclaration universelle des droits de l'homme. Voir de même le Pacte international relatif aux droits civils et politiques Adopté et ouvert à la signature, à la ratification et à l'adhésion par l'Assemblée générale des Nations Unies dans sa résolution 2200 A (XXI) du 16 décembre 1966 et entrée en vigueur le 23 Mars 1976, conformément à l'article 49. Sur ces instruments juridiques, Voir Haut Commissariat des Nations Unies aux droits de l'Homme, *Principaux instruments internationaux relatifs aux droits de l'homme,* New York et Genève, Nations Unies, 2006, 232p.

[108] Se référer à la Charte africaine des droits de l'homme et des peuples (spécifiquement aux articles 13) et à la Charte africaine de la démocratie, des élections et de la gouvernance.

[109] Dans les préambules de la majeure partie des Constitutions des États africains, il fait référence de manière précise aux différents instruments juridiques internationaux relatifs à la garantie des droits de l'homme. C'est le cas notamment des préambules des : Constitution camerounaise du 18 janvier 1996, Constitution congolaise du 20 janvier 2000 ; Constitution malienne de 1992 ; Constitution ivoirienne du 23 juillet 2000 ; Constitution burkinabé du 05 Février 2002. En plus de ces préambules qui dont les instruments juridiques internationaux peuvent être convoqué devant un juge, le préambule, faisant partie intégrante de la Constitution, les constituants africains aménage encore de manière spécifique les droits et libertés et notamment ceux civils et politiques dans le corpus constitutionnel. L'on peut convoquer à titre illustratif, les constitutions ivoirienne, (Titre 1er Des libertés, des droits et des devoirs), congolaise (Titre II Des droits et des libertés fondamentaux), béninoise du 11 septembre 1990 (Titre II Des droits et des devoirs de la personne humaine), etc.

procédé électif comme mode d'accession aux charges représentatives de la Nation, la transparence électorale[110] n'est pas toujours de mise. Le processus électoral fait ainsi l'objet de toutes les attentions, mais aussi de toutes les passions et crispations. L'accession à la fonction présidentielle[111], objet de toutes les convoitises est celle qui a justifié toutes les crises et donnée fondement à l'action des communautés sous-régionales et régionales. Le cas de la crise post-électorale ivoirienne est celui qui a de manière manifeste mis en opposition véritable, la souveraineté de l'État à celle de la CEDEAO. La période 2002-2004 pour la Côte d'Ivoire est assez illustrative de la question. En effet, lors de crise politico-militaire de 2002 en Côte d'Ivoire, alors que les Forces nouvelles et l'armée nationale s'opposent, la CEDEAO va s'employer dans le règlement du conflit. Suite, en partie, à sa médiation, un cessez-le-feu est signé le 17 octobre, mais n'est globalement pas respecté et, fin décembre, la CEDEAO décide de l'envoi de troupes sur place. La Mission de la CEDEAO en Côte d'Ivoire (ECOMICI) est déployée, aux côtés de la Force française « *Licorne* », pour surveiller *le cessez-le-feu conclu à Marcoussis* le 24 janvier 2003. Ces Casques blancs (jusqu'à 3 000 hommes

---

[110] K. AFO SABI, *La transparence des élections en droit public africain, A partir des cas béninois, sénégalais et togolais*, Thèse de Doctorat en Droit, Université Montesquieux – Bordeaux IV, 538p.

[111] I. M. FALL, *Le pouvoir exécutif dans le constitutionnalisme des États d'Afrique*, Paris, L'Harmattan, Coll. « *Etudes africaines* », 2008, 310p. ; F. J. AIVO, *Le président de la République en Afrique noire francophone, Genèse, mutations et avenir de la fonction*, Préface de Théodore HOLO, Paris, L'Harmattan, Coll. « *Etudes africaines* », 2007, 643p.

fournis par la Gambie, la Guinée, la Guinée-Bissau et le Mali) vont ensuite être progressivement remplacés par des Casques bleus de la Mission des Nations unies en Côte d'Ivoire (MINUCI), qui deviendra Organisation des Nations Unies pour la Côte d'Ivoire (ONUCI). Le 4 avril 2004, la CEDEAO achève le transfert de ses compétences aux troupes des Nations unies. Le Constat de l'échec de la CEDEAO en 2002-2004 sera reconduit en 2010-2011. Il en sera de même en Guinée-Bissau avec l'éternelle médiation de la CEDEAO, au Togo avec le retournement de la CEDEAO, en Guinée où l'on assistera à des hésitations de la CEDEAO entre Dadis CAMARA et Alpha Omar KONARE, au Burkina Faso où les présidents MACKY Sall, BONI Yayi et la CEDEAO ont donné à voir d'une médiation malaimée[112].

Si l'implication des organisations sous-régionales et régionales africaines est avérée dans la stabilité politique des États africains, le constat de l'échec de ces organisations face à la volonté du peuple atteste bien de ce que quelque soit la crise politique dans l'un de ces États, c'est le vouloir du peuple qui définit la personne qui sera à la tête du pouvoir. Ainsi, que ce soit de manière démocratique par une alternance ou par l'usage de la force, c'est le peuple qui décide *in fine*. Le schéma ivoirien l'atteste. En 2002, c'est le peuple ivoirien qui a maintenu Laurent GBAGBO au pouvoir y compris au péril

[112] Jeune Afrique, « Afrique de l'Ouest : quel bilan diplomatique pour la CEDEAO ? » http://www.jeuneafrique.com, Consulté le 12/03/2017, 21h 24 mn.

de nombreux Ivoiriens. Ce fut aussi le cas au Burkina Faso où le peuple a fait partir le Président Blaise COMPAORE par la voie insurrectionnelle[113] ou le maintien du président gabonais à la suite de la fronde née des dernières élections présidentielles. La dévolution du pouvoir dans l'État, en période normale comme en période de crise est donc en principe, la traduction de la souveraineté du peuple[114] que le fait des organisations sous-régionales et régionales[115] ou des accords de paix[116]. Cette position défendue par Jean-Claude TCHEUWA, trouve un fondement dans la Charte africaine de la démocratie, des élections et de la gouvernance. Si de manière expresse, la compétence des organisations sous-régionales et régionales est énoncée sous le couvert des États partis, pour ce qui est de la dévolution des pouvoirs ou de la stabilité politique de l'un des États africains, l'article 4 de la Charte ne fait pas l'ombre d'un doute de l'exclusivité et la plénitude de compétence du peuple dans la dévolution du pouvoir dans l'ordre interne d'un État africain. Il dispose en son alinéa 2

---

[113] En ce sens, A. SOMA, « Réflexion sur le changement insurrectionnel au Burkina Faso », *Revue du CAMES/SJP*, Vol. 1, n° 1, 2015, pp. 1-14.

[114] J-C. TCHEUWA, « L'Union Africaine et les changements anticonstitutionnels de gouvernement », Article précité, spécifiquement pp. 1020-1021.

[115] G. J. FOUDA, « L'ONU, l'Union Africaine et la CEDEAO dans la résolution de la crise en Côte d'Ivoire : éléments juridiques d'un régime interinstitutionnel de résolution des conflits », in J. D. BOUKONGOU et J-C. TCHEUWA (dir.), *De la paix en Afrique au XXIe siècle*, *op.cit*, pp. 163-175.

[116]À KOPDAR, « Politique et ordre juridique : les problèmes constitutionnels posés par l'accord de Linas-Marcoussis », *RRJ*, 2005-4, pp. 2503- 2526.

que « *les États partis considèrent la participation populaire par le biais du suffrage universel comme un droit inaliénable des peuples* ». Cet article 4 est conforté par l'article 5 suivant lequel « *les États partis prennent les mesures appropriées afin d'assurer le respect de l'ordre constitutionnel, en particulier le transfert constitutionnel du pouvoir* ». Or, suivant cet ordre constitutionnel, le souverain c'est la Nation, le Peuple ou dans certains cas, la souveraineté nationale appartient au peuple qui l'exerce par le biais de ces représentants[117]. L'action des États partie ne devrait de ce fait pas aller à l'encontre de la volonté du peuple, mais garantir son respect.

À partir de cette structuration, le constat qui s'impose est celui suivant lequel le problème fondamental réside moins dans le droit que dans la jouissance des attributs que confère la souveraineté. Il est donc question de l'effectivité de la souveraineté de l'État africain, tant il est vrai qu'elle s'entendrait comme l'exprime Jean TOUSCOZ, de « *la qualité d'un titre juridique qui remplit objectivement sa fonction sociale* »[118]. La prise en compte de cette notion d'effectivité impliquerait sur le plan matériel, la libre expression de la souveraineté, la plénitude de la personnalité internationale de l'État, bref : « *le pouvoir de pouvoir* ». Les préoccupations

[117] En ce sens, l'article 2 de la Constitution camerounaise du 18 janvier 1996.

[118] J. TOUSCOZ, *Le principe d'effectivité dans l'ordre international*, Paris, LGDJ, Coll. « *Bibliothèque de Droit Public* », 1962, p. 1.

environnementales contemporaines[119] traduisent cette ambivalence de la souveraineté de l'État africain. Si l'État souverain africain s'est engagé dans la protection de l'environnement par l'encadrement normatif des questions environnementales, sa souveraineté connaît un infléchissement du fait de pressions extérieures dans la mise en œuvre de ces normes[120]. C'est en cela que si la souveraineté de l'État africain ne rompt pas du fait de l'ordre international contemporain, elle fléchit néanmoins. Ce qui atteste de la flexibilité de cette capacité légale de l'État dans la réalité de l'ordre international.

4. La flexibilité de la souveraineté dans la réalité de l'ordre international

La notion de souveraineté ne peut être définie de manière univoque. Ainsi au pendant formel, une dimension structurante se doit d'être prise en compte : la dimension matérielle. Et à partir de ce tenant, elle renvoie davantage à « *une aptitude légale de l'État, pleine et entière, qui lui permet du moins potentiellement, d'exercer tous les droits que l'ordre juridique international connait et en particulier la faculté de décider d'accomplir un acte,*

[119] M. KAMTO, *Droit de l'environnement en Afrique*, *op.cit*, pp. 27 et s.

[120] L'exemple du Cameroun peut être avancé. En ce sens, J-C. TCHEUWA, « Les préoccupations environnementales », Article précité.

des règles »[121]. Seulement, Jean SALMON qui, de sa stature, donne cette définition, ne la pose pas de manière péremptoire. Car, si cette aptitude légale de l'État se veut pleine et entière, elle ne lui permet que « *potentiellement* » d'exercer tous les droits que l'ordre juridique international connait. L'éventualité, qu'il met en exergue dans l'usage du mot « *potentiellement* », renvoie au caractère mouvant de la souveraineté qui s'adapte aux mutations sociales. Les aspects extra-juridiques acquièrent une place de choix dans le processus de décision juridique[122]. C'est le cas des éléments d'ordres économiques, sociologiques, éthiques, voire environnementaux, qui impliquent un processus éloigné du rationalisme juridique purement formel et visant les éléments d'impact. La matérialisation de la souveraineté est à ce titre variable. Elle intègre les modalités d'exercice des compétences étatiques. L'on peut donc comprendre la tentative de systématisation faite par Jacques CHEVALLIER autour du concept d'« *État post-moderne* » qui se traduit par la remise en cause des attributs classiques de l'État[123]. La notion de souveraineté varierait selon l'État et en fonction des engagements de l'État au niveau international. D'où, l'infléchissement et la relativisation de la souveraineté de l'État en Afrique, tant

---

[121] J. SALMON, Dictionnaire précité, p. 1045. Dans le même esprit, J. COMBACAU, « Pas une puissance, une liberté : la souveraineté internationale de l'État », *Pouvoirs*, n° 67, 1993, pp. 47-58.

[122] M. SAHOVIC, « Rapports entre facteurs matériels et facteurs formels dans la formation du droit international », *RCADI*, 1986, Vol. 199, pp. 171-225.

[123] J. CHEVALLIER, *L'État post-moderne*, *op.cit*, p. 16.

du fait des droits socioéconomiques (A) que du fait régional (B).

A) L'infléchissement de la souveraineté sous les angles des droits humains et économiques

La dignité humaine a donné lieu à l'internationalisation[124] de la saisie de la condition de l'homme. Ce qui tend à mettre en exergue les infléchissements dont peut faire l'objet la souveraineté de l'État africain. Les droits humains (1) et ceux économiques (2) l'illustrent.

1) L'infléchissement de la souveraineté sous l'angle des droits humains

Alors que les constitutions africaines proclament la souveraineté de leurs États et peuple, ils demeurent soumis à la prééminence des contraintes venues de l'extérieur. Ces contraintes portent autant tant sur la problématique des Droits de l'Homme que sur la globalisation de la question démocratique. Un cliché majeur peut être mis en avant avec le thème de l'implication des États africains dans la problématique internationale des droits de l'homme. C'est l'un des facteurs majeurs de l'altération de la souveraineté de l'État. Elle est conséquente de ce que les droits humains ont acquis une place de choix dans l'ordre

---

[124] A. ONDOUA, « L'internationalisation des Constitutions en Afrique subsaharienne francophone et la protection des droits fondamentaux », *Rev. trim. dr. h.*, n° 98, 2014, p. 428.

international contemporain[125]. Les droits de l'homme, perçus substantiellement comme les droits fondamentaux, renvoient sur le plan formel, aux droits et libertés qui s'imposent aux pouvoirs législatif, exécutif et juridictionnel parce qu'ils sont protégés par la Constitution de l'État et les traités auxquels celui-ci fait partie[126]. La dignité, principe juridique lié à l'homme de par sa nature, induit et pose l'égalité entre les hommes, tous les hommes, indépendamment de leurs charges et natures[127]. La dignité humaine, fondement des droits de l'homme, a acquis force depuis la Déclaration des droits de l'homme et du citoyen de 1789 conformément à son article 6 au point de devenir de la plus haute importance pour l'ONU et ses États membres. La conscience de cet état s'est imposée à tous les États sans distinction de leurs conditions socioculturelles et économiques comme le note Keba MBAYE[128]. La considération de la dignité humaine a eu une influence considérable sur le dogme de la souveraineté de l'État et particulièrement en Afrique.

---

[125] A. S. DIZDAREVIC et R. K. KOUDE (dir.), *Les droits de l'homme : défis et mutations*, Actes des travaux marquant le XXVe anniversaire de l'IDHL, Paris, L'Harmattan, 2013, 243p

[126] O. DORD, « Droits fondamentaux (Notion de – et théorie des -) », in J. ANDRIANTSIMBAZOVINA, H. GAUDIN, J-P. MARGUENAUD, S. RIALS et F. SUDRE (dir.), *Dictionnaire des Droits de l'Homme*, Paris, PUF, 2008, p. 332.

[127] M. F. MAGNA, « Dignité humaine », in J. ANDRIANTSIMBAZOVINA, H. GAUDIN, J-P. MARGUENARD, S. RIALS et F. SUDRE (dir.), Dictionnaire précité, p. 285.

[128] K. MBAYE, « Droits de l'homme et pays en développement », in *Mélanges René-Jean DUPUY*, Paris, Pedone, 1991, p. 212.

La prise en compte de la dignité humaine et le souci de la sauvegarder dans l'ordre international sont au cœur de l'altération de la souveraineté de l'État sous cet angle et particulièrement en Afrique[129]. Un certain nombre de raisons le justifiant peuvent être avancées. Elles peuvent être d'ordre moral, d'ordre politique et d'ordre juridique. Sur le plan moral, les droits humains ont permis l'émergence dans la société internationale d'une morale humaine supérieure à la morale légale. Au cours des âges déjà, écrivains, théologiens, philosophes, juristes et politiciens ont proclamé la fraternité des hommes et l'inviolabilité des droits au nom de leur commune humanité[130]. La dimension politique de l'altération de la souveraineté de l'État sous l'angle des droits humains est fonction du besoin d'édification d'un modèle de société où l'individu pourrait trouver son épanouissement. C'est fort de cela qu'aussi bien le souci de protection des droits de l'homme que celui de la défense d'un idéal démocratique, peuvent d'abord se lire sous le prisme du jeu des puissances occidentales comme modalité d'édification d'un idéal de société. Au plan juridique, les premières mesures de protection de l'individu dans sa dignité au plan international datent d'il y a quelques siècles bien que l'idée ou le rêve de cette protection fut beaucoup plus antérieur.

---

[129]K. MBAYE, *Les droits de l'homme en Afrique*, Paris, Pedone, 2002, pp. 33 et s.

[130]J-B JEANGENE VILMER et R. CHUNG, « Introduction », in J-B JEANGENE VILMER et R. CHUNG (dir.), *Ethique des relations internationales*, Paris, PUF, 2013, pp. 1-37, spécifiquement, pp. 1-2.

La Charte des Nations Unies, constitution mondiale, a cristallisé par l'ascendant accordé aux droits de l'homme, leur universalisation. L'on peut donc comprendre par cet accent mis sur les droits de l'homme, la définition d'un nouvel ordre international dans lequel, au nom des droits humains, la souveraineté de l'État peut être remise en cause[131]. Cette préoccupation au bénéfice des droits de l'homme sous différentes coutures a d'autant plus acquis ses lettres de noblesse que différents instruments juridiques internationaux[132] et spécifiquement africains ont entériné et pérennisé la Charte des Nations Unies. L'on peut citer, entre autres, en rapport direct à l'Afrique : la Charte africaine des droits de l'homme et des peuples, la Charte africaine des droits et du bien-être de l'enfant, la Charte africaine de la démocratie, des élections et de la gouvernance et les différents protocoles y relatifs[133].

Partant du principe qu'au plan du droit international, même si les droits humains tentent de concilier la compétence personnelle de l'État et celle des organismes

---

[131] M-C. SMOUTS (dir.), *Les nouvelles relations internationales, Pratiques et théories*, Paris, Presses de Sciences Po, 1998, 410p. , spécifiquement la Contribution de B. BADIE, « Chapitre I, De la souveraineté à la capacité de l'État ? », pp. 37-58.

[132] Haut-commissariat des Nattions-Unies aux droits de l'homme, *Principaux instruments internationaux relatifs aux droits de l'homme*, New York et Genève, Nations Unies, 2006, 232p.

[133]Voir Association pour la prévention de la torture, *La protection des droits de l'homme en Afrique,* Ouvrage précité. Pour les commentaires, M. KAMTO (dir.), *La Charte africaine des droits de l'homme et des peuples et le protocole y relatif portant création de la Cour africaine des droits de l'homme, commentaire article par article*, Bruxelles, Bruylant, 2011, 1628p.

supranationaux sur les citoyens, il va sans dire que jaloux de leur souveraineté extérieure et limitant traditionnellement la notion de droit international aux seules relations interétatiques, les États excluaient de ce champ ces questions, considérées comme relevant du domaine réservé de l'État, en particulier, le sort des individus soumis à leur autorité. Les États ont ainsi tardé à admettre que la dignité humaine et les droits de l'individu puissent faire l'objet d'une protection internationale. Si le principe de non-intervention dans les affaires intérieures de l'État a été consacré à l'article 2 paragraphe 7 de la Charte des Nations Unies suivant lequel *« aucune disposition de la Charte n'autorise les Nations Unies à intervenir dans des affaires qui relèvent essentiellement de la compétence nationale d'un État (...)* », au nom de la dignité humaine, ce principe a connu une restriction par l'entremise de l'article 55, alinéa c de la Charte des Nations Unies. Cet article dispose qu'« *en vue de créer des conditions de stabilité et de bien être nécessaires pour assurer entre les nations les relations pacifiques et amicales (...), les Nations Unies favoriseront : (...) c. le respect universel et effectif des droits de l'homme et des libertés fondamentales pour tous, sans distinction de race, de sexe, de langue ou de religion* ». Une référence marquée est faite à l'endroit de l'homme dans ce paragraphe. L'article 2 de ladite Charte en son paragraphe 7 annonçait déjà les couleurs en précisant de manière expresse que ce principe de non-intervention ne porte en rien atteinte à l'application des mesures de coercition prévues au Chapitre VII[134].

Les raisons d'ordre humanitaire y ont donné un fondement à la remise en cause de cette souveraineté de l'État en Afrique[135]. En effet, les XXe et XXIe siècles ont fourni de nombreux cas d'ingérence pour des raisons humanitaires en Afrique[136]. L'on peut prendre à titre illustratif les cas de : l'ex-Zaïre ou de la République Démocratique du Congo actuelle ; la Somalie ; la Namibie ; l'Angola, du Rwanda, du Burundi, du Mali ; la République centrafricaine ; la Libye, etc. Avec les crises traversées par ces États, les droits de l'homme ont été mis à rude épreuve. Les crises humanitaires connues par ces pays, tant pour certains dans le cadre des conflits armés internationaux que de conflits armés non internationaux[137],

---

[134] M. LIEGEOIS, « Le rôle des organisations régionales de maintien de la paix et de la sécurité internationales, Eléments pour une approche comparative », https://www.uclouvain.be; Consulté le 01/03/2017, 11h21mn, 20p. ; M. MIELE, « Les organisations internationales et le domaine constitutionnel des États », *RCADI*, Vol. 131, 1970-III, pp. 320 et 325.

[135] M-C. DJIENA WEMBOU et D. FALL, *Droit international humanitaire...*, Ouvrage précité, pp. 25 et s.

[136] B. ADAM, Mali, *L'intervention militaire française à la reconstruction de l'État*, Rapport du Groupe de Recherche et d'Information sur la Paix et la sécurité, Bruxelles, Ed. GRIP, 2013/3, 31p. ; D. HOUBA, *L'intervention militaire en Libye, État de la question*, Rapport de l'Institut Emile VANDERVELDE, Novembre 2011, 17p. ; GRIP, *Conflits en Afrique, Analyse des crises et pistes pour une prévention*, Bruxelles, Coédition GRIP – Éditions Complexe, 1997, 293p.

[137] M-C. DJIENA WEMBOU et D. FALL, *Droit international humanitaire...*, Ouvrage précité, pp. 78-81 ; M. BETTATI, *Droit humanitaire,* Ouvrage précité, pp. 37-40 ;

ont fini par nécessiter des opérations de maintien de la paix[138]. Ces opérations menées par l'entremise du droit[139], ont justifié des ingérences d'humanité au nom de la responsabilité de protéger, ceci au détriment de la souveraineté des États concernés.

Si ces interventions peuvent, au nom de la dignité humaine[140], trouver fondement au regard du souci de lutter contre les violations manifestes des droits humains, des crises sociopolitiques, voire de la prise en compte de la situation des réfugiés, un constat s'impose : celui de la remise en cause de la souveraineté de l'État en Afrique. Différentes crises en Afrique ont justifié des interventions extérieures. La crise somalienne l'illustre. Elle a donné lieu à plusieurs moments d'interventions onusiennes, au mépris de la souveraineté de l'État somalien et dans la seule optique de garantir les droits et libertés

---

[138] Pour quelques illustrations d'opération de maintien de la paix dans certains pays africains tels : la Somalie avec l'Opération des Nations Unies en Somalie (ONUSOM), le Rwanda avec la Mission des Nations Unies pour l'assistance au Rwanda (MINUAR), L'Ouganda-Rwanda avec la Mission d'observation des Nations Unies Ouganda-Rwanda (MONUOR), se référer à G DIVE (avec la collaboration d'Eric DAVID), « Analyse des opérations de l'ONU : les objectifs, les moyens, la mise en œuvre… les résolutions », in GRIP, *Conflits en Afrique…, Ouvrage précité,* pp. 139-202 ; F. REYTJENS et A. PAUWELS, « Des mesures préventives, Etudes de cas : Namibie, Angola, Rwanda, Kenya », in cet ouvrage, pp. 67-96.

[139] R. KOLB, *Le droit relatif au maintien de la paix internationale, Evolution historique, valeurs fondatrices et tendances actuelles*, Paris, Pedone, 2005, 116p.

[140] J-C. TCHEUWA, Communauté internationale, guerre et responsabilité : réflexion autour de la responsabilité internationale des États », *Revue camerounaise d'études internationales*, n°001, 1er Septembre 2007, pp. 143-145.

fondamentaux des individus. Les tentatives de résolution de ce conflit entre deux factions se sont traduites par la médiation du droit. C'est dans ce registre que nombre de résolutions ont été adoptées pour y mettre un terme par la consécration du principe du libre accès au territoire somalien, mais davantage en vertu de la résolution 751 qui institua une force des Nations unies pour la Somalie (ONUSOM), chargée de coordonner l'aide humanitaire et s'assurer de la sécurité et de l'acheminement des secours, tout comme l'habilitation à intervenir à des fins humanitaires[141]. Le droit a ainsi été mis à contribution tant de manière directe que de manière indirecte par le biais de résolutions dans le cadre de ce qu'il conviendrait de qualifier d'opération de maintien de la paix. Ainsi, les différentes situations africaines en Angola, au Rwanda, au Mali, en Centrafrique, etc. ont donné lieu à des interventions extérieures en dépit de la souveraineté de ces différents États et au nom de la protection des droits de l'homme[142].

L'ONU, étant acquise suivant le préambule et l'article 1 de la Charte à la préservation de la paix, la

---

[141] En ce sens, les résolutions : 897 adoptée par le Conseil de sécurité le 4 février 1994 ; 1031 (1995) adoptée par le Conseil de sécurité le 15 décembre 1995 ; 1244 adoptée par le Conseil de sécurité le 10 juin 1990, etc. V. pour les commentaires, M. BETTATI, *Droit humanitaire, op.cit*, pp. 253-264.

[142] GRIP, *Conflits en Afrique, Analyse des crises et pistes pour une prévention*, Ouvrage précité ; F. REYTJENS et A. PAUWELS, « Des mesures préventives, Etude de cas : Namibie, Angola, Rwanda, Kenya », in GRIP, *Conflits en Afrique, Analyse des crises et pistes pour une prévention*, Ouvrage précité, pp. 67-96.

garantie de la dignité humaine, le respect des droits de l'homme s'est, à ce titre, invitée en Afrique pour l'exercice de ses missions. Si l'Afrique a été et est traversée par un certain nombre de crises sociopolitiques au nom de la garantie des droits de l'homme, du maintien de la paix, ce qui peut être considéré aujourd'hui comme une obligation traduite de manière quasi générale par la notion de « *responsabilité de protéger* »[143], il va sans dire que cela s'est souvent fait au détriment de la souveraineté de l'État[144]. Dans l'ordre interne, cette remise en cause de la souveraineté est fondée sur l'estimation du droit interne d'un État comme menace contre la paix[145], voire par la légitimation de gouvernements issus de changements anticonstitutionnels[146].

La légitimité démocratique s'est aussi inscrite au titre d'éléments de remise en cause de la souveraineté par la prise en compte des droits civils et politiques des citoyens. En effet, si un débat subsiste sur les soubassements de la

143 SFDI, *Responsabilité de protéger*, Colloque de Nanterre, Paris, Pedone, 2008, 358p.

144 P. DAILLER, « ''La responsabilité de protéger'', corollaire ou remise en cause de la souveraineté ? », in SFDI, *Responsabilité de protéger*, Ouvrage précité, pp. 43- 58.

145 Th. CHRISTAKIS, « La violation du droit interne en tant que menace contre la paix », in SFDI, *L'État de droit en droit international*, Colloque de Bruxelles, Paris, Pedone, 2009, pp. 107-122.

146 J. D'ASPERMONT, « La licéité des coups d'État en droit international », in SFDI, *L'État de droit en droit international*, *op.cit*, pp. 134-138.

transition vers le pluralisme politique en Afrique[147], une constance s'impose : l'idéal démocratique est aujourd'hui le « *cheval de Troie* » de la fissure de la souveraineté de l'État en Afrique. S'il n'est pas évident de définir la notion de démocratie, *a fortiori* celle de régime politique, il n'en demeure pas moins que la conditionnalité démocratique est devenue le fondement de la remise en cause de la souveraineté de l'État en Afrique. Si Dodzi KOKOROKO[148] parle d'« *intervention démocratique* » au nom du principe de légitimité démocratique, il n'en demeure pas moins qu'il s'agit d'une atteinte à la souveraineté de l'État et davantage de son corollaire qu'est l'autonomie constitutionnelle de l'État. Principe cardinal du droit international, l'autonomie constitutionnelle, remise en cause, donne à ce titre fondement à l'appréhension de l'intervention au nom de l'idéal démocratique comme de l'institutionnalisation de l'ingérence démocratique en Afrique[149]. La prégnance des accords politiques[150], la certification internationale des élections, en devenant une pré-condition, voire une condition suspensive de la validité des élections en

---

[147] M-C. DJIENA WEMBOU et D. FALL, *Droit international humanitaire…*, Ouvrage précité, p. 254 ; G. CONAC (dir.), *L'Afrique en transition vers le pluralisme politique*, Paris, Economica, 1993, 579p.

[148] D. KOKOROKO, « Souveraineté étatique et principe de légitimité démocratique », *Article précité.*

[149] J. KEUTCHEU, « L'«ingérence démocratique en Afrique comme institution… », *Article précité.*

[150] A. KOPDAR, « Politique et ordre juridique : les problèmes de l'accord de Linas-Marcoussis du 23 janvier 2003 », *RRJ*, 2005-4 (II), pp. 2503-2526.

Afrique[151] traduit à suffisance ce « *tendon d'Achille* » de la souveraineté de l'État. L'Afrique est pour l'heure en ce XXIe siècle le berceau de cette ingérence au nom de la démocratie. Les cas centrafricain, malien, libyen, ou encore ivoirien pour les plus marquants de l'heure, attestent de cette altération de la souveraineté de l'État en Afrique et même, de la destruction de ces États au nom de la démocratie.

Si cette remise en cause de la souveraineté de l'État en Afrique peut être justifiée par la légitimité démocratique qui s'est désormais imposée comme un principe structurant de l'État de droit en droit international[152], la souveraineté de l'État en Afrique passe généralement par pertes et profits, parfois au mépris de l'État de droit. Les seuls éléments souvent pris en compte étant la nature des intérêts en jeu au sein de l'ONU. La lenteur de l'intervention au Mali, le génocide rwandais, ou le manque de fondements véritables face à l'intervention en Lybie le traduisent. Il n'est donc pas illusoire que Bertrand BADIE ait relevé cette mise au défi de la souveraineté en écrivant que « *le concert des Nations donne aux États les plus forts le droit de décider de la souveraineté de l'autre, de*

---

[151] A. P. MEL, « La justice constitutionnelle à l'épreuve de la participation électorale internationale en Afrique francophone », *RFDC*, n° 106, 2016/2, pp. 1-30 ; J. BIPELE KEMFOUEDIO, « L'impact juridique du financement international des élections en Afrique, Réflexions sur le cas de l'élection présidentielle ivoirienne de 2010 », *RHDI*, 2/2013, pp. 417-446.

[152] R. BEN ACHOUR, « État de droit, démocratie et droit international », *Ordine internazionale diritti umani*, 2014, pp. 181-221, spécifiquement, pp. 189 et s.

décider si celle-ci est conforme aux règles et aux principes qui constituent les normes internationales (...) »[153]. Comment ne pas le lire ainsi si au mépris de la crise humanitaire, de la destruction de biens constitutifs du « *patrimoine commun de l'humanité* », comme ce fut le cas au Mali, qu'il ait fallu la mobilisation de la France pour voir s'opérationnaliser une intervention militaire multilatérale suite à la mise en œuvre de la résolution 2085 du Conseil de sécurité des Nations unies[154]. L'on peut en dire autant des interventions parfois qualifiées de « *préventives* » [155] au nom d'une menace non contre la paix, mais pour la paix pour reprendre Jean COMBACAU. L'on pourrait y voir une substitution de l'ONU tout comme des organismes internationaux à l'État du fait de la défaillance de ce dernier[156]. La fissure de la souveraineté de l'État sous l'angle des droits humains trouve son pendant sous l'angle économique.

[153] B. BADIE, *Un monde sans souveraineté*, *op.cit*, p. 117.

[154] Il s'agit d'une opération qui se déroule depuis le 11 janvier 2013. L'objectif était la mise en œuvre de la résolution 2085 du Conseil de sécurité des Nations unies. Cette mission a connu diverses missions dont les noms étaient les suivants : opération *Serval* pour la France, qui se termine le 15 juillet 2014, la MISMA pour l'Union africaine et la CEDEAO et forces armées tchadiennes d'intervention au Mali (FATIM) pour le Tchad (intégrées à la MISMA en mars 2013). La MINUSMA, qui succède à la MISMA en juillet 2013, est prolongée, en juin 2014, en juin 2015, puis en juin 2016, jusqu'en juin 2017. https://fr.wikipedia.org; Consulté le 04/03/2017, 17h20mn.

[155] N. MOUELLE KOMBI, *La guerre préventive et le droit international*, Paris, Dianoïa, 2006, 141p.

[156] J. CHARPENTIER, « Le phénomène étatique à travers les grandes mutations politiques contemporaines », in SFDI, *L'État souverain à l'aube du XXIe siècle*, *op.cit*, pp. 29-30.

2) L'infléchissement de la souveraineté sous l'angle économique

L'avènement des organisations internationales n'est pas de nature à améliorer le sort de la souveraineté de l'État en Afrique[157]. Si les prémices de l'institutionnalisation des organisations internationales, objet de la coopération internationale actuelle[158] datent[159], dans l'ordre international contemporain, aucun secteur n'échappe plus à leurs interventions, mieux à leur contrôle[160]. Il en est ainsi des organisations internationales à vocation économique. Si le principe de la souveraineté de l'État demeure avec ces dernières, elles se sont affranchies. En effet, « *comment peut-on être maître chez soi si l'on ne peut défendre son territoire ?* »[161] Cette adresse d'ordre général posée par Maurice KAMTO a partie liée à cet élément structurant de la souveraineté qu'est l'économie. L'économie, avec l'évolution du droit international classique a donné à appréhender aussi la puissance de l'État sous l'angle économique. D'où, le

---

[157] B. BADIE, *Un monde sans souveraineté*, Ouvrage précité, p. 165.

[158] M-C. SMOUTS, « La coopération internationale de la coexistence à la gouvernance mondiale », in M-C. SMOUTS (dir), *Les nouvelles relations internationales*, *op.cit*, pp.135-160.

[159] J-M. SOREL, « Chapitre 1. – L'institutionnalisation des relations internationales », in E. LAGRANGE et J-M. SOREL (dir.), *Droit des organisations internationales*, *op.cit*, pp. 11-24.

[160] E. LAGRANGE, « Chapitre 2. – La catégorie d'organisation internationale », in E. LAGRANGE et J-M. SOREL (dir.), *Droit des organisations internationales*, *op.cit*, pp. 35-70 ; A. PELLET, *Le droit international à l'aube du XXIe siècle,* Cours précité, pp. 71-84 ; M. MIELE, Cours précité, p. 325.

[161] M. KAMTO, « *Pauvreté et souveraineté de l'État dans l'ordre international contemporain* », *op.cit*, p. 284

concept contemporain de souveraineté économique et son encadrement par le droit international économique[162].

Le concept de souveraineté économique, rappelle Jean TOUSCOZ, « *désigne simplement les compétences de l'État dans l'ordre de l'économie, c'est-à-dire dans celui de la production, de la distribution et de la consommation des richesses* »[163]. Ainsi, chaque État devrait jouir du droit d'adopter le système économique et social qu'il juge être le mieux adapté à son développement et ne souffrir en conséquence d'aucune discrimination[164], conformément à l'article 2, alinéa 1 de la Charte des Nations Unies qui proclame l'égale souveraineté entre États. Cette égale souveraineté induit, en guise de conséquence sur le plan économique, le droit pour chaque État de se déterminer librement et le droit de souveraineté des peuples et des nations sur leurs richesses[165].

L'avènement du nouvel ordre économique international dont la traduction institutionnelle actuelle est l'Organisation Mondiale du Commerce (OMC) à laquelle

[162] D. CARREAU et P. JUILLARD, *Droit international économique*, Paris, Dalloz, 2013, 802p.
[163] J. TOUSCOZ, « La souveraineté économique... », *op.cit*, p. 318.
[164] Suivant ce registre, se référer à la Sentence arbitrale, Texaco/Calasiatic c. Gouvernement libyen du 17 janvier 1977 dans le cadre de laquelle René-Jean DUPUY déclarait que : « *c'est une prérogative essentielle de la souveraineté pour les autorités de l'État qui sont chargés constitutionnellement de l'exercer que de choisir et d'édifier librement un système économique et social* ». www.chronculture.com, Consulté le 20/10/ 2016, 21h15mn.
[165] Cf. Déclaration sur le droit au développement, Adoptée par l'Assemblée générale des Nations Unies dans sa résolution 41/128 du 4 décembre 1986.

peuvent être adjoints le Fonds monétaire international (FMI) et la Banque Mondiale au rang des grandes institutions internationales participant du commerce international[166] et ayant eu un impact direct par leurs actions sur la souveraineté économique de l'État en Afrique. Le constat du fossé entre pays développés et pays sous-développés, voire moins avancés dans le cadre duquel se trouve la quasi-totalité des États africains, tend à relativiser cette position et impose désormais dans le débat le concept de « *réalité de la souveraineté économique* »[167]. Il existe désormais une nuance qu'il y a lieu de faire entre égalité formelle et égalité réelle[168] dans un contexte de mondialisation dont l'économie n'est pas en reste[169]. Mieux qu'une systématisation, cette nuance est un vécu traduit par la première Conférence des Nations Unies sur le commerce et le développement (CNUCED). Cette dernière a permis l'édification d'un droit spécifique aux pays pauvres en matière économique : le droit international du développement[170].

---

[166] Pour les textes les régissant, Voir H. RUIZ FABRI, *Organisations internationales*, Cours régional de droit international, Ethiopie, Addis Abeba, Copyright United Nations, 2012, 256p., spécifiquement, pp. 24-86 ; *Droit du commerce international,* Cours régional de droit international, Ethiopie, Addis Abeba, Copyright United Nations, 2012, pp. 261-532.

[167] J. TOUSCOZ, « La souveraineté économique… », *op.cit*, p. 315.

[168] D. CARREAU et P. JUILLARD, *Droit international économique*, *op.cit*, pp. 29-31.

[169] J. CHEVALLIER, *L'État post-moderne*, *op.cit*, p. 26-30.

[170] M. VIRALLY, *Le Droit international en devenir*, *op.cit*, pp. 417-425.

Le nouvel ordre semble n'avoir pas rééquilibré les rapports. Il a simplement traduit sous une forme acceptable, la domination des États puissants sur ceux faibles[171]. En effet, le principe voulu par l'institutionnalisation de l'Organisation Mondiale du Commerce (OMC) est celui de la prise en compte de la situation des pays en développement par l'application de règles dérogatoires aux fins de résoudre, par la coopération internationale, des problèmes d'ordres économique et social. Mais la réalité de cette institutionnalisation est autre.[172]. L'idée de justice qui devrait caractériser les échanges économiques est complètement à relativiser du fait des rapports de force divergents entre États et de la prédominance de l'intérêt particulier sur l'intérêt général.

L'évolution des Accords de Partenariat Economique (APE) le met suffisamment en évidence[173]. Les APE interviennent, après la convention de Lomé initié en 1975 et l'accord de Cotonou passé en 2000. Les accords passés entre les pays d'Afrique, des Caraïbes et du Pacifique (ACP) et l'Union européenne (UE) comprenaient la prolongation de « *préférences commerciales non réciproques* » conformément aux conventions précédentes. Ces

---

[171] J. TOUSCOZ, « La souveraineté économique… », *op.cit*, p. 319.

[172] El H. A. DIOUF, *L'Afrique et le droit à la différence dans les négociations commerciales internationales, OMC, APE, intégration régionale*, Ouvrage précité.

[173] OMC, *Symposium de haut niveau sur le commerce et le développement*, Rapport, Genève, 17 et 18 mars 1999, pp. 1-17 ; J. BUYAS, « La coopération avec la CEE et les divers États membres de l'OCDE », in *Encyclopédie juridique de l'Afrique*, Tome 2e, 1982, pp. 240-242.

dispositions levaient les barrières commerciales tarifaires (droits de douane) pour les exportations des pays ACP tout en permettant à ces pays ACP de maintenir des droits de douane sur leurs importations en provenance de l'UE. Ces préférences commerciales non réciproques ont pris fin le 1er octobre 2014, suite à une prolongation déjà effectuée en 2007. L'objectif de ces APE est de prendre la suite de ces accords, mais également de mettre en avant des marchés régionaux, ainsi qu'une ouverture de ces pays en développement aux biens et services européens. Ce dernier point est notamment l'objet des réticences des pays africains notamment, étant donné qu'ils avaient déjà l'accès au marché européen sans nécessité d'ouvrir leur marché, ce qui engendrait la perte de revenus fiscaux et l'arrivée de produits plus compétitifs ou subventionnés comme dans l'agriculture. Un certain nombre de clichés permettent de l'illustrer.

En septembre et octobre 2014, des accords intérimaires sont signés entre l'UE, la CEDEAO, la SADC, la Communauté d'Afrique de l'Est (CAE), juste avant et après une date butoir qui induisait un rétablissement des droits de douane pour ces pays. L'accord avec les pays de l'Afrique de l'Est inclut une réduction des droits de douane sur les produits africains de 82 %. Un accord de partenariat économique devait être signé entre la CAE et l'UE en juillet 2016, mais la signature a été reportée. En décembre 2014, un accord de partenariat économique est signé entre l'UE et 10 pays de la CEDEAO, le Nigeria, le Togo, la Gambie, la Sierra Leone et la Mauritanie n'ayant alors pas signé l'accord. Le Togo et la Sierra Leone ont signé l'accord après coup. En parallèle, l'accord a été ouvert à la signature des États européens et son application provisoire a été lancée. L'accord devant être signé par l'ensemble des pays de l'UE et par deux tiers des pays de la CEDEAO pour être appliqué pleinement. L'accord prévoit la suppression de 75 % des droits de douane pour les produits européens sur un échange de 20 ans.

En juin 2016, un accord de partenariat économique est signé entre l'UE et les pays de la SADC à savoir : l'Afrique du Sud, le Botswana, le Lesotho, le Mozambique, la Namibie et le Swaziland. Cet accord entre en vigueur en octobre 2016, après l'approbation au parlement européen et aux parlements de 5 des 6 états, le parlement du Mozambique devant encore ratifier l'accord. L'accord permet l'accès à l'ensemble des marchandises sans droits de douane aux marchés européens sauf pour les armes et pour certains produits d'Afrique du Sud qui a un accès à 98 % au lieu de 100 %. En retour, 86 % des droits de douane des pays de la SADC seront supprimés, mais uniquement 74 % pour le Mozambique. Cette différence entre les deux blocs s'explique par le niveau de pauvreté plus élevé dans les pays de la SADC.

De manière générale, ces accords, dans leur état actuel, prévoient la suppression immédiate des droits de douane sur les produits originaires des pays signataires entrant dans l'UE et la suppression progressive des droits de douane sur les produits originaires de l'UE lors de leur entrée dans les pays signataires. Les accords prévoiraient également un volet d'aide au développement par le déblocage de financement (dans les domaines suivants : infrastructures, secteur agroalimentaire, industrie et juridique) ; l'interdiction de l'augmentation ou de la création de droits de douane à l'importation ; l'interdiction de quotas d'importation ou d'exportation sur les produits des pays ACP ; la suppression progressive des subventions à l'exportation des produits agricoles issus de l'UE ; l'interdiction des pratiques commerciales déloyales ; la mise en place de mesures de sauvegarde multilatérales temporaires en faveur des pays ACP, sous-développés[174].

Le contenu de ces accords interpelle en réalité sur l'effectivité de la souveraineté de l'État en Afrique. En effet, comment comprendre qu'une bonne frange des États africains ait signé ces accords si l'on part du principe que les précédents accords (Lomé/Cotonou) ont montré leurs limites (la part des importations des pays ACP vers l'UE ne cesse de décroître, de 7 % en 1975 à 3 % en 2009) ? En effet, la signature, la ratification de ces accords sont le fait de pressions. L'UE aurait exercé des pressions sur les pays ACP argumentant que « *l'aide au développement* » pourrait diminuer jusqu'à 47 % en cas de refus des APE dans les délais prévus (31 décembre 2007) faisant ainsi un lien entre des accords « *commerciaux* » et l'appui au développement[175].

---

[174] Pour ce rendu, Voir https://fr.wikipedia.org/wiki/Accords_de_partenariat_%C3%A9conomique; Consulté le 05/03/2017, 14h45mn.

[175] Voir https://fr.wikipedia.org/wiki/Accords_de_partenariat_%C3%A9conomique; Consulté le 05/03/2017, 15h25mn. Pour une monographie sur la question, Ch. MBACKE NDOYE, *La coopération entre l'Union Européenne et les Etats ACP : l'exemple du Sénégal*, Thèse de

L'aide au développement tend aussi à être un autre pan de fissure de la souveraineté de l'État en Afrique. L'action menée par l'OMC dans le cadre de la régulation de l'activité commerciale n'est venue compléter qu'une autre, mais menée sur le plan financier par les institutions de Bretton Woods que sont : la Banque Mondiale et le Fonds Monétaire international (FMI). Ces institutions traduisent pour les États africains un autre élément de relativisation de leur souveraineté. En effet, la souveraineté de l'État en Afrique est souvent remise en cause du fait de l'action des bailleurs de fonds internationaux. Ce qui pourrait être qualifié de conditionnalité économique et qui fut mis en exergue de manière manifeste par les programmes d'ajustement structurel sous l'impulsion des institutions de Bretton Woods en réaction à la crise économique qui s'abattit sur les États africains à l'orée de la décennie 1990[176].

La prégnance des actions de ces institutions sur la dévolution de la situation financière, voire sociopolitique des pays africains, tend à attester du primat de ces dernières sur la souveraineté de ces États. Si le terme conditionnalité s'entend d'un « *ensemble de mesures économiques correctives qu'un État s'engage explicitement à prendre en contrepartie du soutien financier qui lui est apporté* »[177], la notion d'engagement qui y est contenue, vise à déclencher,

doctorat de Droit Public, Université de Reims Champagne-Ardenne, 2011-2012, 389p.

[176] M. ONDOA, « *Ajustement structurel et refonte du fondement théorique des droits africains post-coloniaux : l'exemple camerounais* », *RASJ*, Vol. 2, n° 1, 2001, pp. 75-118.

[177] J. SALMON (dir.), Dictionnaire précité, p. 228.

« *une modification du régime ou de l'environnement juridique existant par substitution* »[178]. L'on déduit de cet engagement et des conséquences de droit qui en découlent la remise en cause de la souveraineté des États soumis à l'ajustement[179]. En effet, la relation est enclenchée par une « *lettre d'intention* » de l'État demandeur qui n'est en rien une convention traduisant l'expression de leur consentement à être lié par les chartes constitutives de ces institutions[180]. Seulement, cette « *lettre d'intention* » confère de *facto* les pleins pouvoirs au FMI sur les programmes socioéconomiques de ces États. L'on peut donc voir en cette conditionnalité un instrument de politique internationale dont la mise en œuvre a un impact considérable sur la souveraineté de l'État.

L'attention portée sur l'action de ces institutions dans l'analyse de la fissure de la souveraineté interpelle d'autant plus qu'une saisie différenciée est faite, par la définition de clivages entre États, par ces institutions. L'altération de la souveraineté est matérialisée par le FMI dans l'adoption de mesures d'ajustement, suivant que l'on soit riche, pauvre, ou que l'on se situe dans ce qu'il conviendrait de qualifier du bloc des nations civilisées ou de nations africaines. L'expert

---

[178] A. PIQUENAL, « La notion de « conditionnalité » et les organisations internationales économiques et financières », cité par M. KAMTO, « La problématique de la conditionnalité en droit international et dans les relations internationales », in M. KAMTO (dir.), *La conditionnalité dans les relations internationales*, *op.cit*, p. 11.

[179] M. ONDOA, « *Ajustement structurel et refonte du fondement théorique des droits africains…* », *op.cit*, pp. 81-99.

[180] M. KAMTO, « Pauvreté et souveraineté… », *op.cit*, p. 295.

juridique du FMI écrivait dans ce registre que « *les membres eux-mêmes (i.e. du FMI) éprouvent quelques difficultés à imposer une conditionnalité à leurs pairs souverains* »[181]. Ce substrat conforte l'existence de la flexibilité de la souveraineté des États africains à partir de ce fossé entre pays développés qui seraient souverains et les pays en développement, pauvres et Africains notamment qui subissent les affres des programmes d'ajustements structurels. Ces programmes seraient des instruments entre les mains de ces institutions financières internationales. L'accent mis dans cette approche sur le plan institutionnel n'élude en rien d'autres aspects du droit international comme les aides qui sont des éléments participant sur le plan matériel de la relativisation de la souveraineté de l'État africain. La souveraineté de l'État en Afrique face à ces institutions, se situe au-delà du vouloir de l'État. La crise économique, en dépit de l'atteinte de l'initiative pays pauvres et très endettés (PPTE) par ces États, les a mis, de manière quasi permanente sous la tutelle de ces institutions[182]. Aucune politique publique, fût-elle économique ou sociale, ne se fait plus en dehors de l'avis de ces institutions[183].

L'infléchissement de la souveraineté des États africains par l'entremise de ces institutions et du droit qu'elles véhiculent, est confortée par l'action des organisations

---

[181] Voir M. KAMTO, « La problématique de la conditionnalité… », *op.cit*, p. 20.

[182] M. KAMTO, « Pauvreté et souveraineté… », *op.cit*, pp. 293-296.

[183] A. MBEMBE, « Réformes économiques, contraintes externes et production du politique en Afrique noire », in M. KAMTO (dir.), *L'Afrique dans un monde en mutation. op.cit*, pp. 115-141.

internationales non gouvernementales à vocation économique et des entreprises multinationales[184]. Si les organisations internationales non gouvernementales à vocation économique peuvent influencer le devenir économique d'un État, en Afrique, l'action des entreprises multinationales est beaucoup plus à prendre en considération. L'interventionnisme des grandes puissances dans les actions commerciales des entreprises battant leur pavillon ou le développement de stratégies de protection de leurs marchés suivant ce qui peut être convenu de qualifier de capitalisme d'État[185], biaise l'optique visée par l'édification d'un ordre économique international. L'entreprise multinationale, groupement d'intérêt privé n'ayant pour seule vocation que la réalisation des bénéfices n'est pas en reste. Elles ne se préoccupent ni du droit international, ni de la situation des États et particulièrement en Afrique qui pour l'heure, regorge de nombreuses matières premières et constituent un marché. Tous les moyens y sont employés y compris la déstabilisation de ces derniers au nom de la recherche du profit. C'est fort de cela que Dominique CARREAU et Patrick JUILARD écrivent : « *les activités des entreprises multinationales peuvent jouer au préjudice tant de l'État de territorialité (...) que de l'État de nationalité (...) elles*

[184] D. CARREAU et P. JUILIARD, *Droit international économique*, *op.cit*, pp. 26-52.

[185] R. BISMUTH, « L'internationalisation du capitalisme d'État en question. Les failles de l'encadrement juridique des risques politiques et économiques posés par les investissements souverains étrangers (entreprises d'État et fonds souverains) », *Etudes internationales*, Vol. XLV, n° 3, septembre 2014, pp. 379-398.

pourraient également (...) aller contre les intérêts de l'ordre international économique entier »[186].

L'action de ces institutions dans l'analyse de l'infléchissement de la souveraineté interpelle d'autant plus que l'intervention du fait régional tend tout aussi à justifier la relativisation de la souveraineté de l'État en Afrique.

B) La relativisation de la souveraineté par la régionalisation

L'avènement de la dimension régionale dans la structuration de la société internationale induit l'édification d'un ordre nouveau, l'ordre communautaire[187]. Si cet ordre est le fruit de la volonté des États, comme le traduit la multiplication des communautés régionales en Afrique[188], il demeure cependant un ordre de contrainte nouveau pour les États, et ce, en dépit du fait que ces communautés régionales sont présentées comme des créatures des États. Si dans l'ordre international classique, la dualisation de la société est souvent mise en exergue pour caractériser l'indépendance des États, la logique est différente avec l'ordre communautaire qui sur les plans institutionnel (2) et normatif (1), induit les atermoiements de la souveraineté.

---

[186] D. CARREAU et P. JUILIARD, *Droit international économique*, *op.cit*, p. 46.

[187] D. SIMON, *Le système juridique communautaire*, Paris, PUF, 3e éd. 2001, 779p. ; G. ISAAC, *Droit communautaire général*, Paris, A. Colin, 1996, 328p.

[188] S. DOUMBE BILLE, « La multiplication des organisations régionales en Afrique : concurrence ou diversification ? », Article précité.

1) La relativisation de la souveraineté au plan normatif

Les communautés régionales africaines, en tant que personnes morales, distinctes des États qui les constituent et dotées de compétences spécifiques, édictent des normes[189] pour régir les affaires qui leur sont transférées par les États. Si au plan normatif, le souverainisme des États avait entrainé une constitutionnalisation de l'ordre communautaire[190], c'est davantage le phénomène inverse qui se produit de manière progressive[191]. Il s'agit, de la communautarisation du droit national[192]. La relativisation de la souveraineté de l'État par cette intégration entre ordre communautaire et ordre national, réside dans les caractères du droit communautaire[193] dont l'immédiateté, l'effet direct et la primauté, traduisent la prééminence de cet ordre et son imposition à l'ordre interne des différents États membres des communautés économiques régionales ou de l'organisation continentale. L'adhésion des États à ces communautés entraine l'édification d'un droit nouveau qui génère des obligations pour les États partis et

---

[189] P-Y. MONJAL, *Les normes de droit communautaires*, Paris, PUF, Coll. « Que sais-je ? », 2000, 127p.

[190] C. GREWE, « Constitutions nationales et droit de l'Union européenne », *Rép. Communautaire Dalloz,* Janvier 2009, pp. 1-30.

[191] À titre illustratif, M. L. NDIFFO KEMETIO, *Droit communautaire de la CEMAC et transformations du droit administratif camerounais*, Thèse de Doctorat/Ph.D en Droit, Université de Dschang, 17 décembre 2017, 706p.

[192] C. GREWE, « Constitutions nationales et droit de l'Union européenne », *op.cit,* p. 3.

[193] M. BLANQUET, « Effet direct du droit communautaire », *Rép. Communautaire Dalloz*, Août 2008, 16p. ; R. GHEVONTIAN, *Droit communautaire*, Paris, Sirey, 3e éd., 2006, pp. 115-144.

l'application immédiate des normes qui en découlent[194]. L'on assiste ainsi à des mutations de l'ordre interne des États par le seul fait de l'ordre communautaire. Le dispositif institutionnel normatif issu de l'organisation régionale et des différentes organisations sous-régionales africaines, transcrit en termes de droit primaire puis de droit dérivé, couvre la quasi-totalité des champs de compétences qui échoient à l'État[195]. L'on tend ainsi à une réécriture des normes internes des États au regard de l'application immédiate de l'ordre communautaire dans l'ordre interne de ces États. La primauté de l'ordre communautaire[196] en est l'illustration tout comme les principes généraux de droit qui le structurent[197].

La relativisation de la souveraineté par le droit communautaire est fondée sur l'effectivité de ce dernier qui s'impose à l'État. Si l'expression de la souveraineté conditionne l'édification de l'ordre communautaire, il se

---

[194] CJCE, 5 février 1963 : N.V. Algemence Transport en Expeditie Onderneming Van Gend en Loos c/ Administration fiscale nérlandaise – Q.P. Tariefcommissie (affaire 26/62), in J. BOULOUIS et R-M. CHEVALLIER, *Grands arrêts de la Cour de justice des communautés européennes*, Tome 1, 6e éd., Paris, Dalloz, 1994, p. 3.

[195] Association pour la prévention de la torture, *Protection des droits de l'homme en Afrique*, Recueil précité.

[196] J. MOLINIER, « Primauté du droit de l'Union Européenne », *Rép. Communautaire Dalloz*, Aout 2011, 24p.

[197] Il s'agit entre autres, des principes de : libre circulation des personnes (CJCE, 28 octobre 1975, Rutili, aff. 26/75), de non discrimination fondée sur la nationalité (CJCE, 12 juillet 1984, Prodest, aff. 237/83), préférence communautaire (CJCE, 13 mars 1968, Beus c/ Hauptzollhant, aff. 5/67. Pour ces décisions, Voir J. BOULOUIS et R-M. CHEVALLIER, *Grands arrêts de la cour de justice des communautés européennes*, Ouvrage précité.

construit par l'harmonisation et de manière progressive par l'uniformisation de ce droit[198] à partir des différents instruments juridiques le structurant et mobilisables par les citoyens. Par les traités instituant les communautés économiques régionales qui ont structuré la dynamique communautaire en Afrique, la régionalisation progressive a généré un amenuisement du domaine réservé de l'État. Aucun secteur d'activités de l'État ne leur échappe plus. La dévolution du pouvoir dans l'État, la gouvernance, les droits de l'homme, le droit des affaires, le traduisent[199]. Ces différents instruments juridiques sont appliqués grâce à des institutions vivantes qui mettent en exergue cette relativisation de la souveraineté.

2) La relativisation de la souveraineté au plan institutionnel

La dynamique intégrationniste a été suivie au plan institutionnel normatif par celui organique. Une définition d'institutions vivantes pour reprendre Maurice HAURIOU a été faite. Les communautés économiques régionales partagent territorialement les mêmes sphères de compétences que les États qui les composent[200]. Des institutions

---

[198] I. KAMDEM, « Harmonisation, unification et uniformisation. Plaidoyer pour un discours affiné sur les moyens d'intégration juridique », *RJT*, n° 43, 2009, pp. 605-649.

[199] En ce sens, La Charte africaine de la démocratie, des élections et de la gouvernance, la Charte africaine des droits de l'homme et des peuples, Traité pour l'Harmonisation en Afrique du Droit des affaires.

[200] J. KAZADI MPIANA: « La problématique de l'existence du droit communautaire africain. L'option entre mimétisme et spécificité », *Revue libre de Droit*, 2014, pp. 38-78.

spécifiques accompagnent les communautés économiques régionales à vocation générale. Ces institutions impactent sur la souveraineté de l'État. Les questions relatives à la garantie de la dignité humaine ou au droit des affaires peuvent être convoquées à titre illustratif.

La prise en compte de la dignité humaine, mise en exergue par le truchement d'instruments juridiques internationaux qui ont été adoptés à cet effet et la définition d'un ensemble d'institutions y relatives participent de la fissure dans la souveraineté de l'État en Afrique. L'Afrique est acquise au principe d'humanité[201]. La juridictionnalisation de la protection des droits de l'homme en Afrique l'atteste[202]. Les bienfaits de cette juridictionnalisation supranationale des droits fondamentaux[203] justifient l'institutionnalisation des juridictions compétentes en matière de droit de l'homme tant

[201] J. F. WANDJI K., « L'organisation panafricaine dans son rapport au principe d'humanité », *Revue juridique et politique des États francophones*, n° 4, Octobre-Décembre, 2013, pp. 395-431.
[202] A. SOMA, « Le jeu des protocoles dans le processus juridique de construction d'un Cour africaine de protection des droits de l'homme », *Revue du CAMES/SJP,* 2015, n° 002, pp. 1-18 ; A. D. OLINGA, *La protection internationale des droits de l'homme en Afrique, Dynamiques, enjeux et perspectives trente ans après l'adoption de la Charte africaine de droit de l'homme et des peuples*, Préface d'Alain ONDOUA, Yaoundé, Clé, 2014, 321p. ; M. MUBIALA, *Le système régional africain de protection des droits de l'homme,* Bruxelles, Bruylant, 2005, 209p.
[203] K. AHADZI NONOU, « Remarques sur la jurisprudence de la Cour de justice de la communauté économique des États de l'Afrique de l'Ouest », in *Mélanges François HERVOUET*, *op.cit*, pp. 19-30 ; J. ANDRIANTSIMBAZOVINA, « Les bienfaits de la « juridictionnalisation » de la protection supranationale des droits de l'homme », *RFDA*, 2009, p. 294.

à l'échelle continentale qu'au sein des différentes communautés économiques régionales. C'est le cas de la Cour africaine des droits de l'Homme et des peuples, de Cour de justice communautaire de la CEMAC, de la Cour de justice de la CEDEAO, de celle de l'UEMOA, etc. Si la souveraineté de l'État est respectée par l'obligation d'épuisement des voies de recours internes, condition de saisine de la Cour comme l'atteste à titre illustratif l'article 56.5 de la Charte africaine des droits de l'homme et des peuples, c'est une condition qui fonde le primat des ordres juridiques supranationaux sur ceux nationaux. La garantie juridictionnelle internationale des droits fondamentaux[204] est désormais le pendant de l'État de droit en droit international.

---

[204]Il faut préciser que la notion d'État de droit qui s'entendrait d'un « *État dont l'organisation interne est régie par le droit et la justice* », suivant le Dictionnaire de droit international de Jean SALMON, a aujourd'hui partie liée à l'idée de justice et pas seulement dans l'ordre interne, mais même dans celui international dans le cadre duquel, l'État ne constitue ni plus, ni moins qu'un sujet en dépit de sa souveraineté. Olivier CORTEN le démontrait en soulignant que la notion d'État de droit comprend deux dimensions, l'une formelle (« *le droit* ») l'autre substantielle (« *la justice* ») et qu'un État de droit est un État au sein duquel chacun, y compris l'État lui-même, est soumis au droit. Si on se limite à cette exigence, souligne-t-il, la règle de droit, quelque soit son contenu, doit être obéie et respectée effectivement par tous. Il ne suffit donc pas de respecter des règles, encore faut-il que ces règles soient conformes à des impératifs de justice. O. CORTEN, « L'État de droit en droit international : quelle valeur juridique ajoutée ? », Rapport général, in SFDI, *L'État de droit en droit international*, *op.cit*, p. 5. Dans le même esprit, J-Y. MORIN, *L'État de droit : émergence d'un principe de droit international,* Académie de droit international, Tiré à part, Recueil des cours, Tome 254 (1995), Martinus Njihoff Publishers, 462p.

Si la dynamique d'intégration en Afrique brille par la concurrence des organisations sous-régionales, au point de prêter le flanc à une insécurité juridique, la dimension économique transcrite par le traité instituant l'Organisation pour l'harmonisation en Afrique du droit des affaires, signé à Port-Louis le 17 octobre 1993 semble impulser un autre son de cloche. Toujours est-il, que ce traité est l'expression de la souveraineté des États membres. Lesquels, consentent par ce fait même à se voir assujettir sur le plan commercial. L'existence de l'ordre juridique OHADA à côté des ordres juridiques nationaux a inévitablement fait naître des interrogations relatives au sort de la souveraineté des États membres. Très tôt d'ailleurs, un contentieux assez nourri, accompagné des débats doctrinaux suffisamment relevés est né relativement au sort de la souveraineté des États après l'adoption du traité OHADA. L'idée de l'abandon de la souveraineté législative et judiciaire des États membres au profit de l'OHADA a été avancée. L'incertitude sur la question a poussé certains États membres à poser la question à leurs juridictions nationales. Il en a été ainsi du Sénégal et du Congo. Dans ces deux cas, la question était principalement de savoir si les articles 14 à 16 du Traité OHADA notamment étaient contraires à la constitution des États concernés. La réponse du Conseil constitutionnel sénégalais par exemple fut à cet effet fort édifiante. En effet, d'après cette haute juridiction, même si les articles sus cités consacrent un véritable abandon de la souveraineté législative et judiciaire des États membres, ils ne sont pas inconstitutionnels[205]. Il est donc notoire que par l'adoption

[205] Décision n° 3/C/93 du 16 décembre 1993, Penant, Dossier spécial

du Traité OHADA, les États membres ont accepté d'être soumis aux exigences communautaires par un abandon de leur souveraineté dans un certain nombre de domaines.

Conclusion

Comment *in fine* saisir la question de la souveraineté de l'État africain face aux mutations de l'ordre international ? Une réponse s'impose : la stabilité du principe de souveraineté de l'État, même si certains éléments tendent à induire la flexibilité de ladite souveraineté de l'État en Afrique.

Si des tentatives doctrinales tentent d'attester de la réappropriation de la souveraineté de l'État en Afrique[206], suite à l'évolution sociopolitique particulière de ce dernier, il n'en demeure pas moins que la marche vers la post-modernité de l'État est véritablement amorcée. En effet, la mobilisation du territoire comme composante sociologique de l'État, participe d'une autre grille de lecture de l'altération de la souveraineté de l'État en Afrique. Au sens le plus habituel, le territoire renvoie à l'espace géographique sur lequel l'État exerce l'intégralité de ses compétences, à l'exception de tout autre État. Le territoire en Afrique fait l'objet d'une mobilisation qui milite pour une spatialisation dépassant les seules personnes des États,

---

OHADA, 1998, n° 827, p. 225, note Alioune SALL.

[206]J. CHARPENTIER, « Le phénomène étatique à travers les grandes mutations... », *op.cit*, p. 25 ; N. MOUELLE KOMBI, *La politique étrangère du* Cameroun, *op.cit*, pp. 45-58 et 125-129.

prises *intuitu personae*. La dynamique de l'intégration se trouve dans ce sens convoquée à partir des éléments d'unités culturelle, sociologique, voire ontologique[207], qui traduisent la prégnance des interdépendances et de l'idée d'unité, mieux de panafricanisme[208]. Ce qui ouvre la voie, par les espaces, dans ses rapports avec les populations à ce que Bertrand BADIE a qualifié de « *la fin des territoires* »[209]. L'intégration par le bas se pose désormais en nouvelle problématique, remettant à l'ordre du jour, le débat sur le mythe du monopole étatique dans les relations internationales tel qu'envisagé par Luc SINDJOUN[210].

Résumé

Comment le droit public structure-t-il l'État du fait de ses rapports dans la société internationale ? Tel est l'objet de notre contribution sur : « **Mutations de l'ordre international et souveraineté de l'État en Afrique** ». La réflexion naît d'un certain nombre de faits. L'Afrique se présente comme le continent de tous les maux. Sur les plans politiques, économiques, socioculturels, etc., le continent africain connaît des crises qui ont porté une atteinte particulièrement marquée à la dignité de l'Homme. Le

---

[207] Ch. ANTA DIOP, *L'Unité culturelle de l'Afrique*, Paris, Présence africaine, 1982, 219p.

[208] Alain ONDOUA faisait remarquer dans ce registre à partir du schéma camerounais que le deuxième paragraphe du préambule de la Constitution met l'accent sur « *la volonté d'œuvrer à la construction d'une Afrique unie et libre* ». Voir A. ONDOUA, « Le Cameroun à l'épreuve de l'intégration sous-régionale… », *op.cit*, p. 331.

[209] B. BADIE, *La fin des territoires*, Paris, Fayard, 1997, 276p.

[210] L. SINDJOUN, *Sociologie des relations internationales africaines*, *op.cit*, p. 96.

souci d'y remédier a justifié les différentes interventions dans l'ordre interne des États au gré des mutations de l'ordre international. *Il est donc question de s'accorder sur l'impact des mutations de l'ordre international sur la souveraineté de l'État en Afrique. Autrement dit, les mutations de l'ordre international induisent une acception différenciée de la souveraineté en Afrique ?*

Mots-clefs :Ordre international – Souveraineté – État

Financer l'entreprise sans emprunt

Claude GARRIER
Docteur en Droit – Expert-comptable

Introduction

« L'externalisation consiste à sous-traiter, à faire sortir du périmètre de la firme, des activités d'appui du processus de production ou des parties de ce processus.[211] »

Le texte qui suit présente deux formes d'externalisation d'un actif immobilier dont l'entreprise de nature commerciale conserve la jouissance en qualité de locataire, que ce soit de façon permanente ou temporaire. La première consiste en une externalisation conçue dès la

[211] Armand DAYAN, Manuel de gestion, vol. 1, Ellipses/AUF, Paris, 1999, p.

création de l'entreprise ; elle met en relation un groupe d'investisseurs immobiliers et un groupe de nature commercial : cette méthode est fréquemment utilisée dans les activités d'hôtellerie (exemple : Hilton) et de cliniques médicales (60 lits et plus).

La seconde favorise la reconstitution de la trésorerie d'une entreprise en rendant temporairement liquide un ou plusieurs immeubles qu'elle utilise pour son activité professionnelle, dont elle est propriétaire.

L'outil commun (avec quelques particularités propres à chacun des cas) est la société civile immobilière d'investissement.

1. Société civile immobilière d'investissement (SCII)

Comme le souligne Jeremy Rifkin[212], « dans un monde opérant à la vitesse de la lumière, où tout devient très rapidement obsolète, quel intérêt avons-nous à acheter ? » Les opérateurs industriels, hôteliers, médicaux, préfèrent louer l'immeuble nécessaire à leur activité et réserver leurs moyens financiers pour leur fonds de roulement, leurs équipements spécialisés.

Ils entrent en relation avec des personnes qui préfèrent la sécurité et qui constituent une société civile immobilière

[212] Jérémy RIFKIN, *Quand les marchés s'effacent devant les réseaux*, in *Le Monde diplomatique*, juillet 2001, p. 22.

(SCII) ayant pour seul objet la construction et la gestion de l'immeuble donné en location à l'entreprise commerciale. L'activité de gestion immobilière est donc très simplifiée.

La société civile immobilière « permet la mise en place de stratégies patrimoniales immobilières, notamment par la dissociation de la propriété des biens de l'exploitation ou de la gestion. L'objet de la SCI peut être l'acquisition, la détention et la gestion, la transmission d'un patrimoine immobilier privé ou professionnel. La SCI permet de sortir du patrimoine personnel des immeubles, apportés à la société ou acquis par elle. [...] Lorsque la SCI emprunte, les loyers versés par la société d'exploitation assurent le remboursement de la dette[213]. »

Ne sont envisagées ici que des opérations portant sur des immeubles à usage professionnels.

Lorsque la constitution de la SCII est concomitante de celle de la société commerciale, elle permet de répartir de façon différente l'apport des investisseurs immobiliers et celui de personnes qui acceptent le risque de l'entreprise de nature commerciale. Dans le cas particulier des cliniques, cette technique permet de faire entrer dans le financement de l'immeuble des investisseurs sans attache avec le corps médical, tandis que le capital de la société d'exploitation est très souvent réservé aux seuls médecins.

---

213 Martine BOIZARD, « Société civile », in *Ingénierie financière, fiscale et juridique*, Dalloz, Paris, 2009, p. 1005.

« Les dispositions des articles 1845 et suivants du Code civil sont applicables à toutes les sociétés, à moins qu'il n'y soit dérogé par un statut légal particulier auquel certaines sont assujetties. Il y a lieu de combiner les règles du droit civil commun, les règles spécifiques du droit des sociétés civiles et les dispositions spéciales à chaque type de société[214]. »

C'est une telle combinaison de textes que nous proposons ici, quitte à envisager des dispositions particulières en raison du caractère *sui generis* du présent cas de société civile.

Au contraire des établissements spécialisés dans le de crédit-bail immobilier, la SCII peut accepter de financer un immeuble très spécialisé.

La SCII est donc constituée sur la base du Code civil éventuellement complété des dispositions non contraires de l'Acte uniforme révisé relatif au droit des sociétés commerciales et du GIE, particulièrement ses articles afférents à la société en nom collectif.

Acte uniforme révisé relatif au droit des sociétés commerciales et du GIE (AUSCGIE), art. 6, al. 1er : « Le caractère commercial d'une société est déterminé par sa forme ou par son objet. »

[214] Martine BOIZARD, « Société civile », in *Ingénierie financière, fiscale et juridique*, Dalloz, Paris, 2009, p. 1003.

La propriété d'un immeuble donné en location est de nature civile. Cependant, il est tout à fait souhaitable qu'en raison de son objet (la location d'un immeuble spécifique, à usage professionnel ou la location-financement d'un immeuble commercial ou assimilé), une telle société tout en restant « civile », soit régie par l'AU révisé relatif au droit des sociétés commerciales et du GIE et qu'elle soit soumise à l'immatriculation au registre du commerce et du crédit mobilier.

Code civil, art. 1832 : « La société est un contrat par lequel deux ou plusieurs personnes conviennent de mettre quelque chose en commun, dans la vue de partager le bénéfice qui pourrait en résulter. »

Art. 1833, 1er al. : « Toute société doit avoir un objet licite, et être contractée pour l'intérêt commun des parties. »

Art. 1834 : « Toutes sociétés doivent être rédigées par écrit lorsque leur objet est d'une valeur supérieure à cinq-cents francs.

La preuve testimoniale n'est point admise contre et outre le contenu de l'acte de société, ni sur ce qui serait allégué avoir été dit avant, lors et depuis cet acte, encore qu'il s'agisse d'une somme ou valeur moindre de cent-cinquante francs. »

Art. 1841 : « La société particulière est celle qui ne s'applique qu'à certaines choses déterminées, ou à leur usage, ou aux fruits à en percevoir. »

Art. 1842 : « Le contrat par lequel plusieurs personnes s'associent soit pour une entreprise désignée, soit pour l'exercice d'un métier ou profession, est aussi une société particulière. »

Si la société civile est constituée dès l'origine du projet d'entreprise et pour toute la durée de celui-ci, l'objet d'une SCII est alors le suivant : « la société a pour objet l'achat d'un terrain sis… et l'édification sur celui-ci d'un immeuble à usage de… Ledit immeuble sera loué à une société commerciale ». Un tel objet entraîne la dissolution et la liquidation de la SCII lors de la vente de l'immeuble mentionné dans son objet (code civil, art. 1865, 2°). Ladite vente est donc une décision qui relève de la seule assemblée des associés statuant à l'unanimité.

Si la création de la société civile n'a pour but que la location-financement de l'immeuble pendant une durée fixée à l'avance, l'objet devient : « la société a pour objet l'achat de l'immeuble sis… et sa location-financement. Ledit immeuble est sis… et à usage de… Ledit immeuble sera loué à une société commerciale ou assimilée ».

Les termes très étroits de ces objets entraînent la dissolution et la liquidation de la SCII lors de la vente de l'immeuble mentionné dans son objet (code civil, art. 1865, 2°). Ladite vente résulte du contrat souscrit conjointement à l'acte de transfert de propriété entre le propriétaire initial et l'investisseur. Cette vente n'a donc pas à être autorisée par une entité de la société.

Code civil, art 1865 : « La société finit :

1 – Par l'expiration du temps pour lequel elle a été contractée ;

2 – Par l'extinction de la chose, ou la consommation de la négociation ;

3 – Par la mort naturelle de quelqu'un des associés ;

4 – Par la mort civile, l'interdiction ou la déconfiture de l'un d'eux ;

5 – Par la volonté qu'un seul ou plusieurs expriment de n'être plus en sociétés. »

Des dispositions semblables figurent dans l'art. 200 de l'Acte uniforme révisé relatif au droit des sociétés commerciales et du GIE (AUSCGIE) :

Art. 200 : « La société prend fin :

1° Par l'expiration du temps pour lequel elle a été constituée ;

2° Par la réalisation ou l'extinction de son objet ;

3° Par l'annulation du contrat de société ;

4° Par décision des associés aux conditions prévues pour la modification des statuts.

5° Par la dissolution anticipée prononcée par la juridiction compétente, à la demande d'un associé pour justes motifs, notamment en cas d'inexécution de ses obligations par un associé ou de mésentente entre associés empêchant le fonctionnement normal de la société. »

Montant du loyer : Il faut distinguer le cas où lorsque la SCII a pour but la location de l'immeuble, de celui où elle ne procède qu'à une location financement pendant un nombre limité d'années

1° La société d'exploitation étant locataire au sens plein du terme, les loyers sont inférieurs à ceux que demanderait un établissement de crédit-bail immobilier. Ils couvrent l'intérêt de l'argent et les grosses réparations supportées par la SCII propriétaire des murs, en conformité avec l'Acte uniforme portant droit commercial général.

2° Au contraire, les loyers incluant l'amortissement du capital investi, les loyers n'ont aucune relation avec ceux usuels sur le même marché.

Aux charges de fonctionnement et d'entretien des immeubles, communes à tous les investisseurs immobiliers, les sociétés civiles ajoutent les charges fiscales différentes selon les pays (exemple : patente et impôt sur les BNC -bénéfices non commerciaux).

Les associés d'une société civile immobilière n'ont aucun droit sur les immeubles de la société. Ils ne peuvent donc pas les utiliser pour garantir leurs engagements. Par contre, ils peuvent nantir leurs parts au profit de leurs créanciers.

Les dispositions actuelles du Code civil (Côte d'Ivoire) sont insuffisantes pour une gestion moderne. Il est souhaitable que l'OHADA œuvre à les compléter, par exemple en indiquant que la gérance de la société et les assemblées d'associés sont régies par les dispositions propres aux sociétés en nom collectif. Par contre, la limitation de la responsabilité financière des associés reste celle que définissent les articles 1850, 1862, 1863 et 1864 du Code civil.

Code civil, art. 1862 : « Dans les sociétés autres que celles de commerce, les associés ne sont pas tenus solidairement des dettes sociales, et l'un des associés ne peut obliger les autres si ceux-ci ne lui en ont pas conféré le pouvoir. »

Les parts de ces sociétés restent cessibles conformément aux dispositions du Code civil (art. 1690). L'OHADA devrait en outre préciser que les « sociétés civiles immobilières d'investissement doivent être immatriculées au registre du commerce et du crédit mobilier.

La durée de la société diffère selon qu'elle doit être aussi longue que celle du projet, ou qu'elle doit être à peine supérieure à celle du contrat de location-financement. Dans ce cas, la marge est destinée à la négociation des dernières clauses du contrat, et au court délai qui peut séparer le paiement de la dernière échéance de loyer, du versement de la « valeur résiduelle ».

Durée de la SCII de location permanente : La durée de la société est fixée à quatre-vingt-dix-neuf années entières et consécutives. Elle peut être prorogée par décision des associés prise à l'unanimité.

Durée de la SCII de location-financement : La durée de la société est fixée à vingt années entières et consécutives. Elle peut être prorogée par décision des associés prise à l'unanimité.

Code civil, art. 1866 : « La prorogation d'une société à temps limité ne peut être prouvée que par un écrit revêtu des mêmes formes que le contrat de société. »

Dans le cas de la SCII de location-financement, la prorogation peut difficilement respecter la disposition de l'art. 35 de l'AUSCGIE : un an avant l'échéance définitive du financement, le locataire peut être en situation lui permettant (un an plus tard) de payer la valeur résiduelle peu après le versement de la dernière échéance de loyer, alors qu'il subit plus tard une difficulté financière qui lui impose de demander un report, voire un étalement du paiement de cette valeur résiduelle en plusieurs échéances.

Capital social : Le montant du capital social est déterminé par la valeur de l'immeuble dont l'achat est envisagé, à moins que les associés estiment préférable d'emprunter une partie du prix d'acquisition auprès d'une banque, ce qui implique que l'intérêt demandé par celle-ci soit au plus égal à celui qui sert au calcul du loyer.

> Code civil, art. 1845, al. 1er : « Chaque associé est débiteur envers la société de tout ce qu'il a promis d'y apporter ».
>
> Art. 1846 : « L'associé qui devait apporter une somme dans la société et qui ne l'a point fait, devient de plein droit et sans demande, débiteur des intérêts de cette somme, à compter du jour où elle devait être payée.
>
> Il en est de même à l'égard des sommes qu'il a prises dans la caisse sociale, à compter du jour où il les a tirées pour son profit particulier.
>
> Le tout sans préjudice de plus amples dommages-intérêts s'il y a lieu. »

Parts du capital : dans le silence du Code civil, l'article 273 AUSCGIE convient : « le capital social est divisé en parts de même valeur nominale. »

Cession des parts sociales : dans le silence du Code civil, nous proposons de nous référer à l'article 274

AUSCGIE, 1er al. : « Les parts sociales ne peuvent être cédées qu'avec le consentement unanime des associés. Toute cession de parts sociales intervenue en violation des présentes dispositions est nulle. »

L'art. 275 reprend les dispositions de l'art. 1690 du Code civil.

Code civil, art. 1690 : « Le cessionnaire n'est saisi à l'égard des tiers que par la signification du transport fait au débiteur.

Néanmoins, le cessionnaire peut être également saisi par l'acceptation du transport faite par le débiteur dans un acte authentique. »

La formule proposée par l'AUSCGIE dans son 3° présente l'avantage d'éviter le coût de la signification. Il est souhaitable que cette disposition soit étendue à notre cas de société civile.

AUSCGIE, art. 275 : « La cession de parts doit être constatée par écrit.

Elle n'est rendue opposable à la société qu'après accomplissement d'une des formalités suivantes :

1° Signification à la société de la cession par exploit d'huissier ;

2° Acceptation de la cession par la société dans un acte

authentique ;

3° Dépôt de l'acte original de la cession au siège social contre remise par le gérant d'une attestation de dépôt.

Elle n'est opposable aux tiers qu'après accomplissement de cette formalité et après publication par dépôt en annexe au registre du commerce et du crédit mobilier.

Le dépôt en annexe au RCCM devient nécessaire dès lors que cette société est immatriculée au RCCM.

Répartition du bénéfice :

Code civil, art. 1853, 1er alinéa : « Lorsque la société ne détermine point la part de chaque associé dans les bénéfices ou pertes, la part de chacun est en proportion de sa mise dans le fonds de la société.

Gérance de la société :

Code civil, art. 1856 : « L'associé chargé de l'administration par une clause spéciale du contrat de société peut faire, nonobstant l'opposition des autres associés, tous les actes qui dépendent de son administration, pourvu que ce soit sans fraude.

Ce pouvoir ne peut être révoqué sans cause légitime, tant que la société dure ; mais s'il n'a été donné que par acte postérieur au contrat de société, il est révocable comme un simple mandat. »

Art. 1860 : L'associé qui n'est point administrateur ne peut aliéner ni engager les choses, même mobilières qui dépendent de la société. »

L'art. 276 AUSCGIE, 1er et 2e al., est plus précis : « Les statuts organisent la gérance de la société.

Ils peuvent désigner un ou plusieurs gérants, associés ou non, personnes physiques ou morales, ou en prévoir la désignation par un acte ultérieur. »

AUSCGIE, 279 : « Si tous les associés sont gérants ou si un gérant associé est désigné par les statuts, la révocation de l'un d'eux ne peut être faite que par l'unanimité des autres associés.

Cette révocation entraine dissolution de la société, à moins que sa continuation ne soit prévue dans les statuts ou que les autres associés ne la décident à l'unanimité. »

En raison des dispositions tant de l'article 1856 du Code civil que de l'article AUSCGIE 279, il est prudent de ne pas désigner le gérant dans les statuts, mais seulement dans un acte ultérieur.

AUSCGIE, 280 : « Le gérant associé révoqué peut décider de se retirer de la société en demandant le remboursement de ses titres sociaux dont la valeur est fixée, à défaut d'un accord entre les parties, par un expert désigné par la juridiction compétente statuant à bref délai. »

Nota : la désignation d'un expert procède de la compétence du juge des référés qui peut éventuellement statuer « d'heure à heure ».

Droits des associés sur les parts dont ils sont propriétaires :

Code civil, art. 1861 : « Chaque associé peut, dans le consentement de ses associés s'associer une tierce personne relativement à la part qu'il a dans la société ; il ne peut pas, sans ce consentement, l'associer à la société, lors même qu'il en aurait l'administration. »

Participation aux pertes : Contrairement aux dispositions supplétives de l'art. 1863, il est souhaitable qu'en cas de perte, chaque associé y participe en proportion de ses droits dans le capital. Par contre, la disposition de l'article 1862 reste nécessaire : elle est caractéristique de la société civile.

Les présentes dispositions sont donc en oppositions avec celles de l'art. 270 de l'AUDSGIE : les associés ne sont pas commerçants ; ils ne sont pas solidairement responsables des dettes de la société, mais seulement dans la proportion de la participation de chacun au capital.

AUSCGIE, art. 270 : « La société en nom collectif est celle dans laquelle tous les associés sont commerçants et répondent indéfiniment et solidairement des dettes sociales. »

Fin de la société : Constituée pour acheter puis revendre un immeuble déterminé, la société prend fin du seul fait de la revente, conformément à l'art. 1865, 2° du Code civil.

Prorogation de la durée de la société : les aléas de la vie des affaires font que, dans le cas de la SCII de location-financement, quinze ans plus tard le locataire montre des difficultés à payer la valeur résiduelle et demande un report d'échéance. Il peut donc être nécessaire de proroger la durée de la société temporairement propriétaire si une marge suffisante n'a pas été prévue dès sa création.

Dissolution et liquidation : le seul actif, hormis la trésorerie qui résulte des divers paiements du locataire, est l'immeuble donné en location-financement. Il est vendu à l'issue du contrat dans les conditions que ce dernier précise. Le partage de la trésorerie est le plus souvent effectué par le « gérant » qui exerce alors les fonctions de liquidateur. Conformément à l'AUSCGIE, art. 206, 1°, il est désigné par l'unanimité des associés qui détermine son éventuelle rémunération.

Effet de levier

La société civile peut financer l'achat avec le seul moyen de son capital social ; elle peut aussi emprunter une partie du prix d'achat de l'immeuble. Pour respecter le ratio

Capitaux propres ≥ Dettes à plus d'un an

La société civile peut emprunter jusqu'à la moitié de la valeur de l'immeuble. Cette opération est rentable sous la condition :

Intérêt bancaire < Intérêts utilisés dans le calcul du loyer

Le schéma de l'opération est alors le suivant :

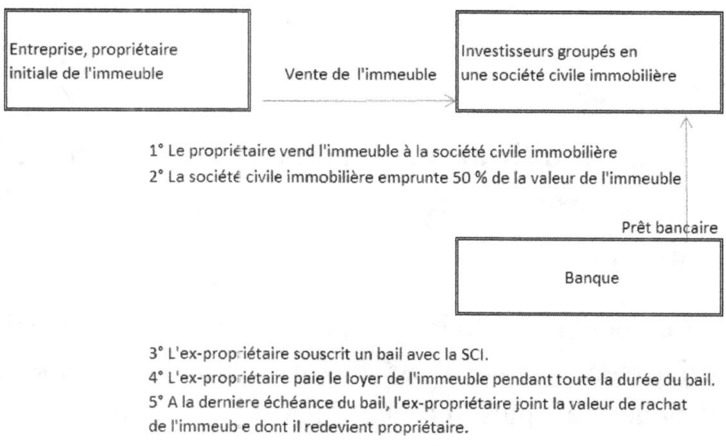

Conclusion

Les deux techniques de financement hors marché sont indépendantes l'une de l'autre. Il semble difficile qu'une même entreprise ait recours à ces deux techniques financières.

La SCII répartit les risques de l'entreprise entre deux groupes aux objectifs très différents, mais dont la bonne entente est indispensable au succès de l'opération.

La location-financement est un contrat susceptible d'apporter à une société le supplément de trésorerie qui lui est temporairement nécessaire. Souscrit par des opérateurs privés, il constitue aussi un moyen de mobilisation de l'épargne.

C'est donc une opération dont l'organisation est nécessaire parce qu'elle œuvrerait au développement des États membres de l'espace OHADA.

2. Externalisation permanente du droit de propriété de l'immeuble : Bail professionnel

Le démarrage d'une entreprise requiert un immeuble spécialement adapté à ses besoins et des équipements techniques les plus récents. Rien n'interdit à un seul opérateur de financer l'ensemble du projet, mais il est fréquent que deux entités se rencontrent, l'une assumant le financement de la construction immobilière, l'autre celui des équipements spécifiques.

Les fondateurs de la première composent le plus souvent un cercle restreint ; les mutations de parts sociales sont rares. Il n'y a donc généralement pas de relation entre ces sociétés et le marché immobilier sauf pour ce qui concerne l'achat du terrain choisi d'accord entre les deux groupes. Trouvent ici leur place :

- Une société civile immobilière d'investissement ;
- Une société de forme commerciale.

Le terrain est choisi en concertation entre les promoteurs des deux sociétés ; ceux de la société d'exploitation conçoivent l'immeuble qui leur est nécessaire. Société d'exploitation et SCII opèrent en pleine concertation.

La figure qui suit montre la relation entre les investisseurs immobiliers et les promoteurs de l'activité commerciale ou autre (médecins, industriels, hôteliers, etc.) exercée dans l'immeuble construit sur leurs spécifications.

Les investisseurs immobiliers	**En commun**	**Les opérateurs techniques**
- désirent + la sécurité de leur placement + un revenu fixe - acceptent + la fiscalité des SCII + un patrimoine		- désirent + la direction technique du projet + la rotation rapide de leurs capitaux - acceptent

peu liquide + les contraintes du droit civil qui freinent la cession des parts des sociétés civiles		+ de payer un loyer + les risques de l'opération commerciale + un revenu aléatoire
	- choisissent le terrain - définissent + la structure et les plans de l'immeuble + le montant de l'investissement immobilier + le taux du loyer + les autres clauses du bail	
- constituent une SCII qui finance l'immeuble - empruntent éventuellement une partie du coût de la construction.	Les deux sociétés souscrivent le bail	- créent une société de droit commercial qui finance les équipements techniques et le fonds de roulement.

Le bail est assujetti aux dispositions de l'Acte uniforme révisé portant droit commercial général (AUDCG).

Acte uniforme portant droit commercial général, art. 103 : « Est réputé bail à usage professionnel toute convention, écrite ou non, entre une personne investie par la loi ou une convention du droit de donner en location tout ou partie d'un immeuble compris dans le champ d'application du présent Titre, et une autre personne physique ou morale, permettant à celle-ci, le preneur, d'exercer dans les lieux avec l'accord de celle-là, le bailleur, une activité commerciale, industrielle, artisanale ou toute autre activité professionnelle. »

Art. 104 : « Les parties fixent librement la durée du bail.

Le bail à usage professionnel peut être conclu pour une durée déterminée ou indéterminée.

À défaut d'écrit ou de terme fixé, le bail est réputé conclu pour une durée indéterminée.

Le bail prend effet à compter de la signature du contrat, sauf convention contraire des parties. »

Durée du bail : elle est celle qui est nécessaire à l'amortissement financier de l'investissement réalisé par la SCII. Une durée de neuf années renouvelable est indispensable. Les conditions très particulières de réalisation de l'immeuble et d'élaboration du bail le permettent.

Grosses réparations : dans le cas présent, les dispositions des articles 106 et 107 de l'AUDCG, conviennent parfaitement : les grosses réparations et rénovations à venir ont été planifiées en concertation entre les deux groupes.

Loyer : La durée de la location impose d'en indexer le loyer : la vie à trois bailleur/preneur/juge est difficilement acceptable. Cependant, le décret n° 79-715 du 2 octobre 1979 fixant les modalités d'application de la loi n° 77-995 du 18 décembre 1977 réglementant les rapports des bailleurs et des locataires des locaux d'habitation et à usage professionnel, dans la logique de l'étatisme-bureaucratique, interdit toute évolution contractuelle du loyer alors que la révision du loyer est particulièrement nécessaire pour contrer les effets de l'inflation.

Décret n° 79-715, art 7 : « Sont interdites et réputées non écrites, toutes clauses de baux relatifs aux locaux énumérés à l'article 1er de la loi susvisée tendant à une variation automatique du loyer par paliers successifs ainsi que toutes clauses prévoyant une variation fondée sur des éléments n'ayant pas de relation directe avec le coût de la construction. »

Art 8 : « Si le bail est assorti d'une clause d'indexation licite, les parties pourront en cours de bail, demander la révision du loyer conformément aux dispositions du présent décret chaque fois que par le jeu de cette clause, le loyer se trouvera augmenté ou diminué de plus du quart par rapport à sa dernière fixation amiable ou judiciaire.

N'est pas une fixation amiable, celle qui résulte de l'indexation. »

L'AUDCG (15 décembre 2010) étant plus récent que le décret n° 79-715, emporte, en principe, abrogation des dispositions de ce dernier en ce qui concerne les baux professionnels. Cependant, les derniers mots du premier alinéa peuvent être considérés comme une réserve au profit du décret n° 79-715.

AUDCG, art. 116 : « Les parties fixent librement le montant du loyer, sous réserve des dispositions législatives ou réglementaires applicables.

Le loyer est révisable dans les conditions fixées par les parties ou à défaut lors de chaque renouvellement au titre de l'article 123 ci-après.

Art. 117, 1er alinéa : « À défaut d'accord écrit entre les parties sur le nouveau montant du loyer, la juridiction compétente, statuant à bref délai, est saisie par la partie la plus diligente. »

Conformément à l'AUDCG, art. 110, dans le cas où la SCII vendrait le bien, le cessionnaire resterait lié par le contrat de bail.

Acte uniforme portant droit commercial général, art. 110 : « Le bail ne prend pas fin par la cessation des droits du bailleur sur les locaux donnés à bail.

Dans ce cas, le nouveau bailleur est substitué de plein droit dans les obligations de l'ancien bailleur et doit poursuivre l'exécution du bail. »

Il est peu vraisemblable que l'activité du locataire soit modifiée : le bâtiment a été spécifiquement conçu en vue d'une activité déterminée. Les dispositions de l'art. 113 de l'AUDCG ne concernent pas cette opération.

AUDCG, art. 113 : « Le preneur est tenu d'exploiter les locaux donnés à bail en bon père de famille et conformément à la destination prévue au bail ou, à défaut de convention écrite, suivant celle présumée d'après les circonstances.

Toutefois il est possible pour le preneur, d'adjoindre à l'activité prévue au contrat de bail, des activités connexes ou complémentaires relevant d'un même domaine que celui envisagé lors de la conclusion du bail. Le preneur doit en aviser de manière expresse le bailleur. Le bailleur peut s'y opposer pour des motifs graves.

Bien que des relations étroites ayant initialement existé entre les deux groupes, il n'est pas exclu que l'article 115 de l'AUDCG trouve à s'appliquer :

AUDCG, art. 115 : « Â l'expiration du bail, le preneur qui, pour une cause autre que celle prévue à l'article 126 ci-après, se maintient dans les lieux contre la volonté du bailleur doit verser une indemnité d'occupation égale au montant du loyer fixé pendant la durée du bail, sans préjudice d'éventuels dommages et intérêts.

Le droit au renouvellement du bail inscrit dans les articles 123 à 125 AUDCG est ici impérieux. Il en est de même de l'indemnité d'éviction prévue par les articles 126 et suivants.

Le renouvellement du bail est indispensable tant que les investisseurs n'ont pas intégralement récupéré leur mise. Ce droit attribué au preneur par l'AUDCG est ici une nécessité pour le bailleur. La durée renouvelée peut être à nouveau de neuf ans.

AUDCG, art. 123, 1er al. : « Le droit au renouvellement du bail à durée déterminée ou indéterminée est acquis au preneur qui justifie avoir exploité conformément aux stipulations du bail, l'activité prévue à celui-ci pendant une durée minimale de deux ans. »

Al. 3 : « En cas de renouvellement exprès ou tacite, le bail est conclu pour une durée minimale de trois ans. »

Les conditions imposées par l'art. 121 à une éventuelle sous-location s'appliquent parfaitement ici. Elles trouvent particulièrement à s'appliquer dans l'industrie hôtelière.

Acte uniforme portant droit commercial général, art. 121 : « Sauf stipulation contraire du bail, toute sous-location totale ou partielle est interdite.

En cas de sous-location autorisée, l'acte doit être porté à la connaissance du bailleur par tout moyen écrit.

À défaut, la sous-location lui est inopposable. »

3. Externalisation permanente du droit de propriété de l'immeuble : Contrat de location-financement (*lease-back*)

Au cours de la vie d'une entreprise industrielle, apparaît parfois un besoin massif de liquidités nécessaires à la réalisation d'un projet de croissance. C'est ici que le contrat de lease-back (location-financement) montre son utilité.

Le *lease-back ou contrat de location-financement, est une* solution très peu utilisée. Concrètement, un client propriétaire d'un immeuble à usage professionnel, rétrocède la propriété à hauteur de la valeur de celui-ci à un groupe d'investisseurs, et en devient le locataire pour la durée du contrat (quinze par exemple). Avec la trésorerie que le cédant obtient de ce ***lease-back* immobilier**, il peut réaliser un projet d'investissements.

« Un contrat de location-financement est un contrat de location ayant pour effet de transférer au preneur la quasi-totalité des risques et des avantages inhérents à la propriété d'un actif. Le transfert de propriété peut intervenir ou non in fine. »[215]

« Des exemples de situations qui individuellement ou conjointement, devraient en principe conduire à classer un contrat de location en tant que location-financement, sont les suivants :

a) Le contrat de location transfère la propriété de l'actif au preneur au terme de la durée du contrat de location ;

b) Le contrat de location donne au preneur l'option d'acheter l'actif à un prix qui devrait être suffisamment inférieur à sa juste valeur à la date à laquelle l'option peut être levée pour que dès le commencement du contrat de location, on ait la certitude raisonnable que l'option sera levée ;

c) La durée du contrat de location couvre la majeure partie de la durée de vie économique de l'actif, même s'il n'y a pas de transfert de propriété ;

d) Au commencement du contrat de location, la valeur actualisée des paiements minimaux au titre de la location s'élève au moins à la quasi-totalité de la juste valeur de l'actif loué ; et

---

[215] IAS 17, contrats de location, § 4.

e) Les actifs loués sont d'une nature tellement spécifique que seul le preneur peut les utiliser sans leur apporter de modifications majeures. »[216]

« Les indicateurs de situations qui individuellement ou conjointement, pourraient également conduire à classer un contrat en tant que contrat de location-financement, sont les suivants :

a) Si le preneur peut résilier la location, les pertes subies par le bailleur relatives à la résiliation sont à la charge du preneur ;

b) Les profits ou les pertes résultant de la variation de la juste valeur de la valeur résiduelle sont à la charge du preneur (par exemple, sous la forme d'une diminution de loyer égale à la majeure partie du produit de cession à la fin du contrat de location) ; et

c) Le preneur a la faculté de poursuivre la location pour une deuxième période moyennant un loyer sensiblement inférieur au prix du marché. »[217]

Schéma représentant les acteurs d'un contrat de lease-back et leurs fonctions

Les investisseurs		**Le propriétaire**
Immobiliers		**à l'origine**
- désirent		- désire
+ la sécurité de		+ des liquidités

[216] IAS 17, § 10.
[217] IAS 17, § 11.

leur placement		- acceptent
+ un revenu fixe		+ de payer un
- acceptent		loyer
+ la fiscalité des		+ de payer en
SCI		fin de contrat
- disposent de liquidités		une valeur
en quête de placement		résiduelle
+ les contraintes		+ de supporter les
du droit civil qui freinent		réparations
la cession des parts		d'entretien courant
des sociétés civiles		et les grosses réparations.
- constituent une SCI		
qui finance l'acquisition		
de l'immeuble		
- empruntent		
éventuellement une		
partie du coût de cette		
acquisition.		
En commun, ils définissent les termes d'un bail, dont le loyer		
est calculé en tenant compte à la fois :		
- de la valeur de l'immeuble ;		
- de l'intérêt de l'argent ;		
- de l'inflation,		
Ils déterminent les autres clauses du bail.		
Le contrat de vente entre le propriétaire à l'origine et les investisseurs		
immobiliers, inclut le bail et une clause aux termes de laquelle l'investisseur		

immobilier s'oblige à revendre l'immeuble au propriétaire initial à un prix		
convenu dès le départ, éventuellement indexé pour tenir compte de		
l'inflation à venir,		
De même, le propriétaire initial s'oblige à racheter l'immeuble au prix		
convenu,		

Vente à réméré

Code civil, art. 1659 : « La faculté de rachat ou de réméré est un acte par lequel le vendeur se réserve de reprendre la chose vendue, moyennant la restitution du prix principal, et le remboursement dont il est parlé à l'article 1673. »

Art. 1660 : « La faculté de rachat ne peut être stipulée pour un terme excédant cinq années.

Si elle a été stipulée pour un terme plus long, elle est réduite à ce terme. »

Art. 1661 : « Le terme fixé est de rigueur et ne peut être prolongé par le juge. »

Art. 1662 : « Faute par le vendeur d'avoir exercé son action de réméré dans le terme prescrit, l'acquéreur demeure propriétaire irrévocable. »

Contrat de lease-back (location-financement) – Écarts avec le bail professionnel usuel organisé par les articles 101 et suivants de l'Acte uniforme portant droit commercial général (AUDCG)

Le contrat de lease-back est proche de la vente à réméré définie par le Code civil, mais reste un contrat *sui generis*. Il diffère du contrat de vente à réméré dans les termes suivants :

- Le propriétaire initial devenu locataire ne remboursera pas le propriétaire temporaire, mais lui versera un prix réduit prévu par le contrat, usuellement appelé « valeur résiduelle » ;
- La durée du contrat, parce qu'elle porte sur la valeur d'un immeuble, ne peut être limitée à cinq ans ;
- Ce contrat ne peut porter que sur des immeubles à usage commercial, industriel, artisanal ou professionnel.

Le contrat de lease-back permet à une entreprise dont la capacité d'endettement à plus d'un an est épuisée de renforcer son fonds de roulement (en diminuant la masse de ses valeurs immobilisées) tout en trouvant un financement pour un nouveau projet. Les ratios financiers ici évoqués sont les suivants :

Dettes à plus d'un an $\leq$ Capitaux propres

Fonds de roulement = Capitaux propres + Dettes à plus d'un an – Valeurs immobilisées

Le contrat de lease-back vise à apporter des liquidités pour la réalisation d'un projet à une entreprise. C'est une forme de location-financement.

Il est regrettable que ce mode de financement des projets ne soit pas évoqué dans MBA Finance, alors qu'un chapitre est consacré au financement des projets[218]. La même absence caractérise l'ouvrage d'Armand Dayan[219] bien qu'un long chapitre traite du financement, notamment du « financement par dettes. Claude-Annie Duplat[220] ne propose pour résoudre les difficultés de trésorerie que :

> - Tenter d'améliorer sa politique de trésorerie en pratiquant une politique volontariste de réduction des besoins en trésorerie: par exemple, décider de réduire la croissance de son chiffre d'affaires ou entreprendre une action de relance intensive des clients.
> - Rechercher un partenaire ayant une surface financière suffisante et qui trouvera une synergie en s'associant avec l'entreprise qui connait des difficultés. Le rapprochement pourra être envisagé avec un fournisseur ou avec des personnes physiques, et se faire selon plusieurs modalités: prise

[218] MBA Finance, Eyrolles, Paris, 2010, Jean-Michel ROCCHI, « Financement de projet et d'actif (project & asset finance) », pp.201-202.

[219] Armand DAYAN, *Manuel de gestion*, vol. 2, Ellipses/AUF, Paris, 1999, pp. 161 sq.

[220] Claude-Annie DUPLAT, *Analyser et maîtriser la situation financière de son entreprise*, Vuibert, Paris, 2004, p

de participation dans le capital de la société, apport en trésorerie ou augmentation de capital.

- Céder l'entreprise à un repreneur qui pourrait être un partenaire commercial déjà connu: un fournisseur par exemple.

Avant de faire entrer un tiers dans le capital ou de vendre son entreprise, il eut été intéressant de procéder à une lease-back (appelé « cession-bail » par Philippe Raimbourg et Martine Boizard)[221] de l'immeuble dont l'entreprise est propriétaire, où sont ses ateliers et bureaux. Pour ces auteurs, « l'externalisation d'actifs immobiliers d'entreprise peut se définir comme la cession par l'entreprise, d'actifs immobiliers conservant une utilité pour elle » (p. 775).

Le contrat de location-financement n'existant pas encore dans le droit de l'OHADA, il convient d'y trouver des éléments permettant d'atteindre le but, un bail de très longue durée, non renouvelable et presque irrévocable avant son échéance ultime.

Acte uniforme portant droit commercial général, art. 103 : « Est réputé bail à usage professionnel toute convention, écrite ou non, entre une personne investie par la loi ou une convention du droit de donner en location tout ou partie d'un immeuble compris dans le champ

[221] Philippe RAIMBOURG et Martine BOIZARD, *Ingénierie financière, fiscale et juridique*, Dalloz, Paris, 2009, « Ingénierie de l'externalisation d'actifs immobiliers d'entreprise », pp. 772-842, dont section 2, « Lease-back et cession-bail », pp.829-842.

d'application du présent Titre, et une autre personne physique ou morale, permettant à celle-ci, le preneur, d'exercer dans les lieux avec l'accord de celle-là, le bailleur, une activité commerciale, industrielle, artisanale ou toute autre activité professionnelle. »

Art. 104 : « Les parties fixent librement la durée du bail.

Le bail à usage professionnel peut être conclu pour une durée déterminée ou indéterminée.

À défaut d'écrit ou de terme fixé, le bail est réputé conclu pour une durée indéterminée.

Le bail prend effet à compter de la signature du contrat, sauf convention contraire des parties. »

Durée du bail : elle est celle qui est nécessaire à l'amortissement financier de l'investissement. Usuellement, elle est de quinze années.

Grosses réparations : le caractère sui generis du contrat de lease-back requiert que par exception aux dispositions des articles 106 et 107 de l'AUDCG, les grosses réparations soient supportées par le locataire au même titre que les réparations d'entretien.

Conformément à l'AUDCG, art. 110, dans le cas où le propriétaire temporaire vendrait le bien, le cessionnaire resterait lié par le contrat de lease-back.

Acte uniforme portant droit commercial général, art. 110 : « Le bail ne prend pas fin par la cessation des droits du bailleur sur les locaux donnés à bail.

Dans ce cas, le nouveau bailleur est substitué de plein droit dans les obligations de l'ancien bailleur et doit poursuivre l'exécution du bail. »

Le caractère *suis generis* du lease-back conduit à admettre que le locataire temporaire modifie à son gré la nature de son activité, en ajoute une ou plusieurs, modifie l'immeuble. Cette disposition ne diffère pas des dispositions de l'art. 113 de l'AUDCG, mais les précise. Le preneur peut être dispensé d'aviser le bailleur temporaire des modifications apportées à son activité.

AUDCG, art. 113 : « Le preneur est tenu d'exploiter les locaux donnés à bail en bon père de famille et conformément à la destination prévue au bail ou, à défaut de convention écrite, suivant celle présumée d'après les circonstances.

Toutefois il est possible pour le preneur, d'adjoindre à l'activité prévue au contrat de bail, des activités connexes ou complémentaires relevant d'un même domaine que celui envisagé lors de la conclusion du bail. Le preneur doit en aviser de manière expresse le bailleur. Le bailleur peut s'y opposer pour des motifs graves.

La durée du financement permet au propriétaire initial devenu locataire de rembourser à l'investisseur le montant de son achat et de lui payer l'intérêt de cette somme.

L'article 115 de l'AUDCG ne trouve pas à s'appliquer ici. Il doit donc être écarté.

Acte uniforme portant droit commercial général, art. 115 : « Â l'expiration du bail, le preneur qui, pour une cause autre que celle prévue à l'article 126 ci-après, se maintient dans les lieux contre la volonté du bailleur doit verser une indemnité d'occupation égale au montant du loyer fixé pendant la durée du bail, sans préjudice d'éventuels dommages et intérêts.

L'issue naturelle du contrat de lease-back est le versement de la « valeur résiduelle » de l'immeuble (éventuellement réévaluée pour corriger les effets de l'inflation, si cette possibilité est mentionnée dans le contrat) de peu après le paiement du dernier loyer, à l'effet de redevenir propriétaire de l'immeuble.

Le droit au renouvellement du bail inscrit dans les articles 123 à 125 n'a donc pas sa place ici. Il en est de même de l'indemnité d'éviction prévue par les articles 126 et suivants.

Dans le cas présent, l'article 116 doit être limité à ses premiers termes : « Les parties fixent librement le montant du loyer. »

En outre, la durée de l'opération (quinze ans, voire plus) inscrite dans le bail, implique l'indexation du loyer contrairement aux dispositions du décret n° 79-715.

Alors que la cession de l'immeuble est permise au bailleur temporaire, il est exclu que le locataire temporaire quitte les lieux. Le contrat a été rédigé *intuitu personnae*. Il tient compte de la solvabilité propre au locataire, anciennement propriétaire et qui vise à le redevenir.

Contrairement aux articles 118 à 120 de l'AUDCG, une telle cession du bail n'est pensable qu'avec l'intervention du propriétaire temporaire à l'acte de cession du bail et son acquiescement écrit qui ne peut être donné qu'après vérification de la solvabilité du repreneur.

L'interdiction portée dans l'art. 121 s'impose plus encore ici.

> Acte uniforme portant droit commercial général, art. 121 : « Sauf stipulation contraire du bail, toute sous-location totale ou partielle est interdite.
>
> En cas de sous-location autorisée, l'acte doit être porté à la connaissance du bailleur par tout moyen écrit.
>
> À défaut, la sous-location lui est inopposable. »

Un contrat de location-financement ne peut être résilié, contrairement à un bail professionnel usuel. Les articles 133 et suivants ne s'appliquent donc pas ici.

L'article 134 ne peut viser qu'un bail professionnel, non un contrat de location financement. Des dispositions propres à ce contrat doivent donc être envisagées.

Les termes du bail sont calculés en concertation entre le propriétaire actuel et le cessionnaire envisagé. Outre la durée évoquée plus haut, il faut envisager :

- Le taux d'intérêt servant au calcul des loyers ; il est usuellement calculé à partir des éléments suivants :
  - Le loyer de l'argent sans risque (en Côte d'Ivoire, 5,8 %, taux du plus récent emprunt émis par l'État),
  - Une prime de risque ;
  - Une marge bénéficiaire.
- L'indexation des loyers et de la valeur résiduelle pour anticiper les méfaits de l'inflation.
- L'arbitre auquel sera demandée la résolution d'un éventuel conflit.

« L'acheteur établira de son côté un tableau des flux nets de revenus prévisionnels (*cash flow*) de l'opération en fonction de divers scenarii (renouvellement du bail initial, libération et travaux, division et location à plusieurs preneurs, revente…), de ses prévisions de TRI (taux de rendement interne) et des exigences des prêteurs qui assureront le financement de cette transaction ou des véhicules de titrisation (fonds communs de créances) qui peuvent avoir été envisagés pour assurer le financement[222]. »

Si le futur propriétaire emprunte dans une banque une partie du prix d'achat de l'immeuble, « le loyer de l'argent sans risque » est remplacé par le taux demandé par cette banque.

Fiscalité du lease-back

Aucune disposition particulière en Afrique occidentale, ne réduit les droits d'enregistrement propres à cette opération, alors qu'elle implique deux actes de cession, le second neutralisant les effets du premier souscrit quinze ans plus tôt, parfois plus.

Il serait souhaitable que des textes soient adoptés pour cette opération très particulière, inspirés, par exemple, des dispositions du droit français. La circulaire de la Direction générale des Impôts du 30 septembre 1968 définit la lease-back : « l'opération par laquelle une société de crédit-bail achète à une entreprise un investissement déjà réalisé et le lui donne aussitôt à bail en vertu d'un contrat de crédit-bail. » Cette définition implique la présence d'une institution spécialisée, la société de crédit-bail immobilier. Il est souhaitable qu'elle soit étendue à tout groupe d'opérateurs groupés en une société civile immobilière

---

[222] Guy AMOYEL, Alain COHEN, Guy GILLET, Lionel PANCRAZIO, « Ingénierie de l'externalisation d'actifs immobiliers d'entreprise », *in* Philippe Rambourg, Martine Boizard, *Ingénierie financière juridique et fiscale*, Dalloz, Paris, 2009, pp. 790-791.

pour le commerce et l'industrie dont l'objet est limité à une opération de location-financement.

L'ordonnance n° 67-837 du 28 septembre 1967 relative aux opérations de crédit-bail et aux sociétés immobilières pour le commerce et l'industrie exonère du droit de mutation à titre onéreux (art. 6-e, 2e alinéa) « lorsqu'une société immobilière pour le commerce et l'industrie acquiert des immeubles dont elle concède immédiatement la jouissance au vendeur par un contrat de crédit-bail. »

Résumé

L'absolutisme administratif dont l'OHADA est l'un des vecteurs, requiert pour apporter de nouvelles solutions au financement des entreprises, que le droit des affaires soit étendu aux relations entre investisseurs immobiliers et investisseurs industriels ou commerciaux Deux solutions sont envisagées ici :

- La société civile immobilière d'investissement ;
- Le contrat de lease-back.;
- **Mots-clés :** société civile immobilière, bail professionnel, contrat de location-financement (lease-back), notaire, indexation

Abstract

The administrative absolutism Whose the Organization for the harmonization of the business law in

Africa is one of the vectors, requires, to bring new solutions in the financing of companies, that the business law is widened in the relations between real estate investors and industrial or commercial investors

Two solutions are envisaged here:

- *The property investment company;*
- *The rental-financing agreement.*

Bibliographie

Code IFRS – Normes et interprétations, Groupe Revue fiduciaire, Paris, 2012

DAYAN Armand, *Manuel de gestion*, vol. 1, Ellipses/AUF, Paris, 1999

DAYAN Armand, *Manuel de gestion*, vol. 2, Ellipses/AUF, Paris, 1999

DUPLAT Claude-Annie, *Analyser et maîtriser la situation financière de son entreprise*, Vuibert, Paris, 2004

RAIMBOURG Philippe et BOIZARD Martine, *Ingénierie financière, fiscale et juridique*, Dalloz, Paris, 2009

RIFKIN Jérémy, *Quand les marchés s'effacent devant les réseaux*, in *Le Monde diplomatique*, juillet 2001, p. 22

ROCCHI Jean-Michel, « Financement de projet et d'actif (project & asset finance) », *in MBA Finance*, Eyrolles, Paris, 2010,

La mise en scène médiatique des grades universitaires : entre querelles de corps et nécessités du service public de l'enseignement supérieur en Afrique

Patrick WAFEU TOKO

Docteur en droit

Introduction

La création du Conseil Africain et Malgache de l'Enseignement Supérieur en 1978 et l'institutionnalisation dès 1982 d'un Concours d'agrégation interafricain inaugurent un tournant décisif dans l'africanisation des normes académiques régissant les carrières universitaires. Avant 1978, tous les universitaires africains en l'occurrence ceux des États de l'Afrique francophone étaient évalués par le Comité consultatif des universités françaises et inscrits sur des listes d'aptitude aux différents grades universitaires, à savoir maître-assistant, maître de conférences et professeur titulaire. En ajoutant celui d'assistant par lequel l'universitaire commençait sa carrière, on obtenait une hiérarchisation des enseignants-chercheurs en quatre corps. Une hiérarchisation quadripartite qui allait devenir bipartite à la faveur de la réforme universitaire française de 1982 entre maître de conférences et professeur d'université. Cette évolution, facteur d'accélération des carrières universitaires en France contrastait avec l'attachement des universités africaines notamment celles liées au CAMES à des normes académiques révolues[223]. En droit universitaire comme ailleurs, le contexte permet parfois de comprendre le texte. Contexte africain marqué par l'exacerbation des jeux de pouvoir sur l'enjeu des nécessités du service[224] de l'enseignement supérieur (Première de partie). On comprend dès lors que les missions de l'université, c'est-à-dire l'enseignement, la recherche et la formation aient été souvent détournées de leur fonction pratique d'intérêt général au profit de l'enjeu carriériste de la recherche scientifique, de l'enjeu financier des cumuls de fonctions et de la conquête des positions de pouvoir dans l'appareil administratif et politique des jeunes États. C'est que l'homologie structurale entre les postes de responsabilité universitaires et ceux de la haute fonction publique en exacerbant le fétichisme des titres universitaires va favoriser leur instrumentalisation politique (Seconde partie).

---

[223] Ainsi en est-il du système de la double thèse qui perdura longtemps après l'adoption par les universités françaises du système de la thèse unique.

[224] Moïse Nembot, « Commander n'est légitime que pour servir », *Revue administrative*, n°297, 1997.

Première partie : Querelles des intérêts du corps et les nécessités du service public de l'enseignement supérieur

Souvent déconnectées des impératifs de développement, les politiques de recrutement et de promotion des enseignants-chercheurs continuent de pâtir d'une gestion à vue qui favorise dans certains cas les positions de rente propres à l'État néo-patrimonial[225]. Une analyse développementaliste pourrait expliquer ces dynamiques orphelines quand on jette un regard rétrospectif sur la longue marche des universités françaises[226]. Regard qui montre qu'à l'image de la création de nouveaux corps en l'occurrence celui de maître-assistant pour faire face à la massification étudiante de l'après-guerre en France, l'africanisation des postes dans les universités africaines va favoriser vers la fin de la décennie 70 une généreuse politique de recrutement et de promotion des enseignants-chercheurs africains appelés à assurer la relève des coopérants. Dans ce sillage, on assistera à une relocalisation des missions des jeunes universités dès lors considérées comme les principales pourvoyeuses de la main d'œuvre des fonctions publiques elles aussi confrontées au processus de l'africanisation (paragraphe 1). Mais très vite, à la suite des deux premiers

[225]Jean-François Médard, « L'État néo-patrimonial en Afrique », in *États d'Afrique noire : formations, mécanismes et crises* (sous la direction de Jean-François Médard), Karthala, Paris, 1991

[226]Christine Musselin, La *longue marche des universités françaises*, PUF, Collection « sciences sociales et sociétés », Paris, 2001.

chocs pétroliers, la crise économique du début des années 80 va déboucher sur une crise de l'État-providence appelant une thérapie de choc à travers les politiques d'ajustement structurel, politiques dont le tournant décisif sera la dévaluation du franc CFA de 1994. Dans ce contexte marqué par le déclassement financier des fonctionnaires, la fuite des cerveaux et la montée en puissance de la corruption, les universités africaines vont entrer en crise. Crise derrière laquelle se profile en réalité celle du métier d'enseignant-chercheur confronté à un bouleversement de la hiérarchie des valeurs académiques préjudiciable à l'optimisation des missions de l'université et à l'intérêt du service public de l'enseignement supérieur (paragraphe 2).

Paragraphe 1 : Collusion entre les intérêts du corps et l'intérêt des universités

L'un des problèmes auquel sont confrontées les universités africaines est la pénurie d'enseignants-chercheurs liée à la fuite des cerveaux et au malthusianisme des politiques de recrutement. La comparaison des ratios[227] enseignant-étudiant entre les universités africaines et françaises est à cet égard édifiante. Cette situation n'est guère favorable d'une part à l'investissement des universitaires dans la recherche dont l'évaluation est décisive à l'évolution de leur carrière et d'autre part à l'efficacité de l'offre pédagogique et scientifique des universités. Or de plus en plus, même si le

[227] Alors qu'en France, il est en moyenne de 1/10, soit 10 étudiants par enseignant dans les universités africaines, il oscille entre 1/20 et 1/64.

phénomène concerne davantage les sciences dures que les sciences sociales, le palmarès des meilleures universités sanctionne aussi sinon prioritairement le rayonnement scientifique des établissements à travers le marché des citations et le nombre de prix Nobel. C'est la raison pour laquelle dans le cadre des politiques de fidélisation du corps, on assiste de plus en plus à des revalorisations salariales et des mesures incitatives à la recherche et la formation à la recherche. Le spectre angoissant des grèves à répétition qui ont émaillé les crises universitaires de ces dernières années en réaction à des arriérés de salaires montre bien dans quelle aventure commune sont embarqués les universités et ceux qui en sont les élites : les enseignants-chercheurs. Car derrière la mobilisation des syndicats universitaires en quête d'une réhabilitation matérielle des enseignants-chercheurs, se dresse le spectre académiquement contre-productif des heures et des journées blanches pour les étudiants pris en otage par leurs revendications.

Toutefois, il faut le reconnaître, la valorisation des politiques d'établissement à travers notamment la multiplication des filières professionnelles, la gestion du cumul des fonctions et de rémunération implique souvent des choix amers pour le corps enseignant. Autant les critères qui président souvent aux classements internationaux des universités semblent flatter les intérêts du corps, autant les thérapies proposées pour relever le défi de la crise des universités tendent à prendre prioritairement en charge les problèmes soulevés par la massification étudiante, la dégradation des conditions de travail des étudiants et le chômage des diplômés. Cette politique de la reconnaissance du corps semble sonner comme une revanche prise sur l'apparente indifférence des pouvoirs publics à l'égard de la vie de l'intelligence en Afrique. Une revanche à laquelle goûtent peu les spécialistes des sciences sociales stigmatisés par les régimes politiques africains dans le sillage de mai 68. Faut-il encore s'étonner que la plupart des chefs d'établissement universitaire en Afrique qui sont nommés par décret présidentiel et non élus comme en France, fussent longtemps des spécialistes des sciences dures[228], celles-là mêmes qui sont plébiscitées par les palmarès universitaires ? N'est-il pas révélateur que les universités les plus performantes soient majoritairement anglo-saxonnes, c'est-à-dire celles qui ignorent ce rite de passage controversé qu'est le concours de l'agrégation du supérieur, qui reste une tradition française et francophone, mais aussi une source inépuisable de l'élitisme dont la philosophie ne s'accommode guère des postulats démocratiques de l'intérêt général du service de l'enseignement supérieur, voire du service public tout court ?

---

[228] C'est l'une des controverses qui entourent le choix des critères de ces classements internationaux dont les promoteurs reconnaissent eux-mêmes certaines limites liées notamment à leur sélection très anglo-saxonne et la difficulté à définir des indicateurs adéquats pour classer les universités spécialisées dans les sciences sociales comme le droit, les sciences économiques et les sciences de gestion pour s'en limiter à ces disciplines à agrégation.

Dans tous les cas, la conciliation des intérêts du corps avec ceux des établissements d'enseignement supérieur, bien que souhaitable n'en demeure pas moins régulièrement confrontée à la politisation du champ universitaire généralement préjudiciable à l'efficacité des missions de l'Université. Certes, il peut arriver que par une heureuse coïncidence, la manipulation dans le sens d'une restriction sévère des conditions de changement de grade puisse susciter une saine incitation à la recherche et à la formation favorable à un meilleur suivi des étudiants. Mais il n'est pas exclu, surtout sans des mesures d'accompagnement financières que cette instrumentalisation politique des normes académiques de cooptation des futurs pairs – souvent sur fond de règlement de compte entre rivaux indésirables – ne provoque une pénurie d'enseignants-chercheurs aggravée par le déclassement académique de la recherche au profit d'activités annexes parfois sans lien de connexité avec l'enseignement dispensé. On comprend dès lors que face à ces dérives, l'enseignement supérieur privé suscite un engouement croissant. Un engouement justifié par la crédibilité académique de ses offres de formation et la forte employabilité de ses diplômés[229].

Épargnée par le malthusianisme académique en vogue dans l'enseignement supérieur public, l'université privée échappe à cette homologie structurale entre positions académiques et positions administratives et politiques,

[229] L'Université catholique d'Afrique centrale est à ce titre considérée comme la meilleure du Cameroun.

homologie qui hypothèque en grande partie l'accomplissement des missions de l'université publique. Autrement dit, l'accès au grade de rang magistral – le concours de l'agrégation y est inexistant - n'y est pas un tremplin pour négocier une carrière dans la haute fonction publique. Or dans un contexte marqué par la gouvernementalité du ventre[230] que symbolise la métaphore du « partage du gâteau national », le patriotisme universitaire de l'entrepreneur universitaire cède le pas devant l'ambition personnelle de l'entrepreneur politique fasciné par la mystique du titre d'agrégé. Les impasses actuelles causées par la crise de l'enseignement supérieur commandent au nom des nécessités de ce service d'intérêt général que les universités privées soient intégrées au système régional du CAMES. L'heureuse souplesse de l'offre de formation privée est un acquis à valoriser qui répond à la fois aux aspirations d'un corps en quête de reconnaissance et aux priorités de la politique d'établissement par rapport aux palmarès universitaires. Opportunités que n'offrent pas toujours les universités liées au CAMES dont la visibilité régionale est surtout scandée par la réussite de leurs candidats à cette épreuve prestigieuse considérée par ses défenseurs comme la voie royale à la maîtrise de conférences. Également appelée voie courte de la maîtrise de conférences, l'agrégation du supérieur est un accélérateur de carrière qui crée néanmoins un esprit de

[230] Jean-François Bayart, *L'État en Afrique. La politique du ventre*, Fayard, Paris, 1989.

ségrégation par rapport aux adeptes de la voie longue des travaux pour accéder à la maîtrise de conférences. Si le grade d'agrégé est généralement crédité d'un brevet d'excellence académique, le culte dont il est l'objet peut être un obstacle à une saine reproduction du corps enseignant et à la professionnalisation des formations.

Paragraphe 2 : collision entre les intérêts du corps et les nécessités du service de l'enseignement supérieur

L'assimilation univoque des élites universitaires pour la plupart agrégées exacerbe un fétichisme des titres académiques qui ne répond guère aux défis que pose le chômage des diplômés de l'enseignement supérieur[231] face aux priorités de la politique d'établissement. Contrairement à ce qu'affirme un éminent juriste français[232], les bonnes universités de droit ne sont pas nécessairement celles qui connaissent l'agrégation, mais celles qui pour la plupart anglo-saxonnes mettent l'accent sur la professionnalisation des métiers du droit[233]. Le

---

[231] Même si la vocation des universités n'est pas de fournir un emploi à ses diplômés, mais de bien les former pour affronter le marché du travail.

[232] Olivier Beaud, « Libres propos sur le concours d'agrégation du supérieur », in *Actualité Juridique de Droit Administratif,* 2015 : « … Il y'a de bonnes universités de droit que dans les pays qui connaissent l'agrégation : la France et quelques pays africains. Le reste du monde n'est qu'un désert intellectuel pour la science juridique ».

[233] Cette professionnalisation est allée de pair avec une spécialisation croissante générant une concurrence impitoyable sur le marché international du droit. À ce sujet, lire Yves Dezalay et Briyant Garth, *La mondialisation des guerres de palais. La restructuration du pouvoir d'État en Amérique latine entre notables du droit et « Chicago Boys »,* Seuil, Paris, 2002.

débat doctrinal[234] actuel soulevé par la réforme du statut de la magistrature au Cameroun est à cet égard révélateur. L'élargissement du périmètre de la profession de magistrat aux disciplines non juridiques notamment à travers l'intégration dans le corps de la magistrature des diplômés en économie, en gestion et en informatique favorise ainsi la pratique de l'échevinage[235]. Manifestement, le fétichisme des titres cher à une tradition française qui a érigé le formalisme en critère d'intelligibilité privilégié du réel tend ainsi à reléguer au second plan les valeurs de l'empirisme dont le savoir-faire et l'expérience du diplômé sont des exemples concrets. Les universités africaines qui pour la plupart ont copié un modèle français dépassé devraient peut-être méditer ces commentaires de Jean Rivero au sujet du cumul des fonctions : « *Que serait un professeur de faculté de médecine s'il ne pouvait nourrir son enseignement de l'expérience acquise en soignant ses malades ? L'exercice éventuel de la profession d'avocat, la consultation gardent au professeur de droit le nécessaire contact avec la réalité juridique sans lequel son engagement risque de s'égarer dans les*

---

[234] Sylvain Sorel Kuaté Tameghe, *La justice, ses métiers, ses procédures, Ohada, Union Africaine, Nations Unies, Afrique Centrale, Afrique de l'Ouest, Cameroun,* Collection Études africaines, série « Droit », Harmattan, 2016.

[235] Sylvain Sorel Kuaté Tameghe, « La réforme du statut de la magistrature au Cameroun », PP421-435, in *De l'esprit du droit africain. Mélanges en l'honneur de Paul Gérard Pougoué,* éditions Lamy et CREDIJ, 2015 : la pratique de l'échevinage consiste à secourir les magistrats de carrière rattachés à différents ordres de juridiction lorsque les questions techniques leur sont déférées et qui se rapportent aux sciences dures.

nuées »[236]. Naturellement, il serait injuste de sous-estimer les capacités de cumuls des agrégés dont l'art de discourir sur un sujet de leçon exige les mêmes qualités de persuasion que celui de convaincre un tribunal pour défendre un client. Les exemples de grands universitaires agrégés africains exerçant la profession d'avocat sont légion. Les profits académiques de ce lien de connexité confirment l'avertissement du grand administrativiste français ce d'autant plus qu'ils concernent des matières qui historiquement sont des disciplines professionnelles. En revanche en d'autres comme la science politique, les talents oratoires des agrégés ont souvent été mis au service d'une politique démagogique qui a beaucoup plus desservi que servi les intérêts universitaires au profit des ambitions personnelles. Dans tous les cas, faut-il l'avouer, le cumul des fonctions est un risque nécessaire.

Il est un risque parce qu'il peut exposer l'universitaire à la tyrannie du marché des consultations comme le note avec justesse Alain Supiot[237], une consultation doctrinale n'a d'autorité que si l'opinion émise par le professeur l'est en toute indépendance et non d ans le souci de défendre les intérêts particuliers de celui qui le paie. Ce risque est encore plus élevé en droit des affaires, matière dans laquelle la tension entre les marchands du droit et les gardiens du temple est plus exacerbée. Risque accru dans

---

[236] Jean Rivero, « Les droits et les obligations du professeur de l'enseignement supérieur », *Revue de l'enseignement supérieur*, 1960, Tome III, P.135.

[237] Alain Supiot, « Grandeur et petitesse des professeurs de droit », PP595-614, in *Les Cahiers de droit,* Vol 42, n°3, septembre 2001.

les États africains confrontés au déclassement financier de leurs universitaires depuis la dévaluation du FCFA de 1994 et au procès – injuste selon certains – de la faible attractivité économique du droit OHADA notamment par rapport à la *Common law*. C'est peut-être à cette figure néolibérale de l'entrepreneur universitaire faiblement positionné sur le marché de la vertu civique que s'adresse cette profession de foi du doyen Vedel lorsqu'il déclare :

« *Nous n'avons la liberté juridique de coopter qu'autant que nous repoussons le népotisme et l'esprit de caste, nous n'avons le droit de régler nous-mêmes la marche de nos établissements ou de nos études qu'autant que nous recherchons l'intérêt des étudiants et de la science ou de la culture, nous n'avons la faculté de pratiquer des professions annexes qu'autant que la quête de l'argent ne nous stérilise pas et que nous savons tout lâcher – le dossier, le client, l'article de journal pour cet étudiant de première année qui frappe à notre porte* »[238].

En ce sens, le cumul des fonctions peut être une opportunité pour les étudiants et pour l'université. Il apparaît ainsi comme un risque nécessaire dans la mesure où il permet à l'enseignant-chercheur de concilier les intérêts corporatistes de la reproduction des champs disciplinaires avec les nécessités du service public de l'enseignement supérieur. Modulation des missions du métier d'universitaire qui n'est pas sans représenter un facteur de ralentissement de la carrière universitaire

[238] Georges Vedel, « Les libertés universitaires », P.135.

comme l'illustre le dilemme cornélien auquel peut être confronté un professeur d'histoire dispensant des cours de tourisme dans une filière professionnelle. Dilemme qui a au moins le mérite d'interroger la légitimité scientifique des articles de vulgarisation, des rapports d'expertise ou de consultation que certains universitaires n'hésitent pas à parer des oripeaux d'une recherche de fond pour étoffer leur dossier scientifique. C'est un fait incontestable que le critère dominant d'évaluation des enseignants-chercheurs est la valeur scientifique de leurs publications dont le régime académique obéit à des normes bien précises[239] pour les prétendants à un grade universitaire. Or la tendance actuelle consistant à transformer les rapports d'expertises en ouvrages scientifiques destinés à la publication engendre une confusion de genres – notamment entre travaux de fond et travaux de vulgarisation – en lieu et place d'une interaction souhaitable. C'est du reste l'un des enjeux du principe de la distinction du grade et de l'emploi.

Le grade est le titre appartenant à l'universitaire qui lui a été conféré par une autorité académique et qui lui donne *vocation* et non le *droit* d'occuper un emploi alors que l'emploi qui appartient à l'État est un poste attribué par l'autorité administrative. Ce qui veut dire que l'administration sans être liée par ce titre personnel ne peut l'ignorer complètement surtout quand les nécessités

[239] Ces normes peuvent se décliner en quatre exigences, une bonne thèse, la publication des travaux dans des revues connues et reconnues par la discipline, la scientificité des publications, la formation à la recherche la capacité à diriger des mémoires et des thèses.

du service de l'enseignement supérieur le commandent. Autrement dit, l'historien et le juriste recrutés en fonction de leur grade sur un poste de l'université sont ainsi amenés pour remplir les missions de leur poste à se familiariser avec des aspects professionnels de leur métier qui entretiennent des rapports lointains avec leur centre d'intérêt scientifique. Les impératifs de la professionnalisation de l'enseignement supérieur exigent parfois de ces universitaires des filières classiques de se recycler vers des thématiques plus concrètes qui leur permettent de former des praticiens dont les sociétés africaines ont besoin. Dans un contexte de déclassement financier, ils sont parfois contraints de se transformer en entrepreneurs universitaires pour proposer des projets de formation professionnelle susceptibles d'attirer des fonds leur offrant ainsi l'opportunité de « gérer » un budget. On constate d'ailleurs que les universités les plus performantes sont souvent celles qui connaissent un renouvellement de leur personnel enseignant parmi les plus lents[240]. Toutefois, et c'est le revers de la médaille, le dynamisme du marché des expertises et des consultations peut aussi apparaître comme un des symptômes de la précarisation du métier d'enseignant-chercheur interrogeant ainsi le régime académique des travaux universitaires en vue d'un changement de grade. Comme le souligne avec lucidité un auteur, « l'art du rapport prend le dessus sur l'écrit scientifique qui possède ses propres critères de référence, de preuves théoriques ou empiriques

---

[240] C'est encore le cas de l'Université Gaston Berger de Saint-Louis au Sénégal.

(…) Bien attendu, la contrepartie financière d'une expertise dévalorise quelque peu l'image d'une science désintéressée (…) Que penser en effet des colloques aux communications payées au nombre de pages ? »

Faut-il encore s'étonner que dans un contexte de pénurie de l'offre pédagogique et scientifique et d'instrumentalisation politique de l'université que ce soient les règles du marché, la commande et la quête permanente des bénéfices matériels qui structurent davantage la pratique du métier que le souci de former des étudiants immédiatement insérables sur le marché de l'emploi ? À l'évidence, les mécanismes et les conditions d'appréciation de la production des universitaires ne sont plus ceux de l'espace scientifique, mais des bailleurs de fonds en fonction de leurs intérêts[241]. Sacrifiés sur l'autel d'une assimilation univoque des élites universitaires par les pressions diffuses du marché et les forces occultes du pouvoir politique, « les priorités de la politique de formation » des États sont reléguées au second rang quand elles ne sont pas tout simplement abandonnées. C'est probablement sous ce prisme qu'on peut comprendre l'article 12 de l'Accord relatif au concours interafricain de l'agrégation qui n'est pas seulement un symptôme de la faible attractivité académique du droit universitaire

[241] Luc Ngwe, « Le métier d'enseignant-chercheur au Cameroun : éléments pour une problématisation de l'espace universitaire camerounais à l'aune de la mondialisation », PP31-54, in Quelle université pour l'Afrique ? Dynamiques locales de la mondialisation. Les Afriques en perspectives (sous la direction de Noble Akam et Roland Ducasse), Msha, Pessac, 2002.

interafricain d'obédience francophone, mais aussi une limitation explicite de la souveraineté académique du jury international du concours interafricain par une instance politique, la Conférence des Chefs d'États membres du CAMES. En disposant que « le nombre de candidats admis par État ne saurait être supérieur à celui des postes qu'il a mis au concours, l'article suscité n'a fait que confirmer un précédent illustré par le concours de l'agrégation française de 1968 à Dakar où n'étaient retenues que les candidatures correspondant à des disciplines où il existait des postes vacants conjointement arrêtés par les ministres de l'Enseignement supérieur et de la Santé publique[242].

À moins de prendre au sérieux l'argument[243] commode des contraintes budgétaires pour expliquer un tel malthusianisme universitaire, on comprend mal que dans un contexte de pénurie d'enseignants-chercheurs, le jury interafricain du concours d'agrégation du supérieur ne puisse pas comme son homologue français s'ériger en interprète des besoins en postes ouverts par l'autorité administrative. Il y a là manifestement une instrumentalisation politique pour ainsi dire une perversion du principe de la distinction du grade et de l'emploi préjudiciable à la qualité de l'offre pédagogique

---

242 Le nombre d'inscrits sur chaque liste ne pouvait être supérieur au nombre d'emplois déclarés vacants dans la discipline en question.

243 Argument en réalité peu convaincant quand on considère la nature des régimes politiques africains qui pour la plupart, soucieux de leur conservation ont misé sur l'armée et la police au détriment des autres secteurs d'intervention.

dans l'enseignement supérieur africain francophone. L'invocation de ce principe peut aussi apparaître comme un prétexte commode de l'autorité administrative pour abuser de son pouvoir discrétionnaire dans la définition du nombre de postes à créer et le recrutement des universitaires inscrits sur les listes d'aptitude. La manipulation politique du principe de la distinction du grade et de l'emploi devient ainsi un moyen pour l'autorité administrative de se réfugier derrière l'argument spécieux des « nécessités de service » pour manier avec cynisme le bâton de l'insoumission de ceux qui sont un peu trop hâtivement étiquetés comme des « élites contre la République. » [244] Comme le rappelle fort opportunément un auteur sénégalais, « *l'absence d'investissement dans l'amélioration des conditions de la recherche et la valorisation de la fonction enseignante traduit implicitement, du côté des gouvernants, une volonté de sanctionner l'insoumission politique du corps des enseignants-chercheurs du supérieur* »[245].

Il n'en demeure pas moins qu'en matière de carrières universitaires, plus qu'ailleurs dans la fonction publique, le principe de la distinction du grade et de l'emploi doit être relativisé en raison du caractère éminemment technique des principales missions du métier de

[244]Alain Garrigou, *Les élites contre la République*, Sciences po et l'ENA, La Découverte, collection « Cahiers libres », Paris, 2001.
[245]Abdoulaye Niang, « La recherche et ses facteurs de blocage dans les universités francophones d'Afrique : l'expérience sénégalaise », PP77-100, in *Revue de l'enseignement supérieur en Afrique*, Vol 3, N°1, 2005, P.80.

l'universitaire. L'autorité administrative ne saurait l'ignorer complètement. Le grade universitaire reste malgré tout plus qu'une recommandation à recruter sur un emploi, un tremplin pour accéder aux sources d'enrichissement liées au marché des consultations et des expertises et à la conquête des positions de rente dans les hautes sphères de l'administration publique. C'est peut-être la motivation essentielle de cette mise en scène médiatique des titres universitaires dans les États africains liés au CAMES.

Seconde partie : La mise en scène médiatique des grades universitaires à l'épreuve du malthusianisme académique

Le rapport des enseignants-chercheurs africains francophones aux titres académiques traduit une quête de reconnaissance. Une quête d'autant plus exigeante que les universitaires africains comme du reste leurs collègues français étaient jusqu'en 1979 automatiquement inscrits sur des « listes d'aptitude » par le Comité consultatif des universités françaises, c'est-à-dire qu'ils étaient placés dans une logique célébrant davantage la revendication d'un *droit* à être recruté sur un emploi que leur simple *vocation*. En vérité, la suppression des listes d'aptitude au profit des listes de qualification en France n'était qu'un moyen pour le pouvoir politique de tenter de priver les syndicats d'enseignants-chercheurs d'un instrument de revendication. Suppression qui fragilisait davantage l'heureuse dérogation des emplois d'enseignants-chercheurs au principe de la distinction du grade et de l'emploi explicitement prévue par le droit français. Dans le sillage de ce « recul » des libertés académiques, le grade à l'image de l'habit du moine ne fait plus toujours l'universitaire, voire l'enseignant-chercheur. Ce triste constat a été démontré à plusieurs reprises au Cameroun par le phénomène des agrégés du concours interafricain recrutés à l'Université sur des postes de chargés de cours ! En dépit des efforts d'adaptation à l'orthodoxie interafricaine des normes académiques de promotion, beaucoup reste à faire dans ce pays bilingue. N'y a-t-on pas vu des enseignants de rang magistral être rétrogradés au rang de simple maître assistant ou chargé de cours après un passage par le système d'évaluation interafricain ? Rétrogradation qui confirme la réputation de sévérité et d'objectivité des instances académiques interafricaines laquelle peut expliquer à la fois le fétichisme de ses titres universitaires, mais aussi la crainte qu'inspirent ces épreuves chez certains candidats camerounais beaucoup plus soucieux de leur image auprès de leurs étudiants que des avantages de l'excellence académique. Cette sévérité notamment du jury international du concours de l'agrégation interafricain n'a pas peu contribué à susciter des querelles entre les agrégés « Cames » et les agrégés « français » (Paragraphe 1). Compte tenu de la forte homologie structurale entre les positions académiques et les positions dans l'appareil administratif et politique de l'État en Afrique, le grade se voit gratifier d'un pouvoir quasi performatif qui justifie tous les abus et exacerbe toutes les convoitises malsaines. Les tensions récurrentes qui enveniment les relations entre les maîtres de conférences de la voie longue des travaux et ceux de la voie courte de l'agrégation illustrent ces luttes pour la reconnaissance[246]. (Paragraphe2)

Paragraphe 1 : Les querelles entre agrégés du concours interafricain et agrégés du concours français

Garant de l'excellence académique, après avoir longtemps été le symbole de l'aristocratie universitaire en France, le concours de l'agrégation française est aujourd'hui victime d'une désaffection provoquée par les polémiques[247] suscitées par la partialité de son jury. Démystifié en France, le concours de l'agrégation du supérieur connaît un réel engouement dans les universités francophones liées pour la plupart au CAMES. Cet engouement n'étonne guère si on ne perd de vue le contexte historique qui l'a vu naître en France, contexte marqué par la pression démographique des docteurs en droit et médecine et le souci de préserver les privilèges d'une certaine aristocratie universitaire. Le prestige actuel de son héritier francophone n'est-il pas plutôt une

[246] Axel Honneth, *La lutte pour la reconnaissance,* Cerf, 2000 ; Louis Carré, *Axel Honneth : le droit de la reconnaissance,* Michalon, 2013.

[247] Benjamin Moron-Puch, « État des lieux et propositions nouvelles pour une évolution du concours d'agrégation de l'enseignement supérieur », PP1-12, in *http : //hal.archives-ouvertes.fr/hal-0146291/document ;* Frédérique Pigeyne et Mareva Sabatier, « Recruter les Professeurs d'université : le cas du concours d'agrégation du Supérieur en sciences de gestion », PP1-19, in *http : // halshs.archives-ouvertes.fr/hal-00823990/document*

expression de la nostalgie de la grandeur passée de son modèle français ? Un modèle qui à la faveur de la réforme universitaire de 1968 ayant mis fin aux cloisonnements facultaires au profit des politiques d'établissement semble s'être adapté aux nécessités du service de l'enseignement supérieur contrairement à son héritier interafricain. Autrement dit, le titre rénové de « professeur d'université » conféré par la réussite au concours de l'agrégation française semble avoir perdu en noblesse culturelle ce qu'il a gagné en plus-value instrumentale pour la valorisation des priorités de la politique de formation des établissements et l'attractivité académique des universités alors que celui de « professeur agrégé des facultés » conféré par le jury du concours interafricain symbolise le rayonnement académique de son titulaire dans une discipline ou un champ disciplinaire, c'est-à-dire une vision du réel encore prisonnière des préoccupations de la reproduction des élites. Mieux, ce titre révolu ne cumule-t-il pas le potentiel de l'excellence académique et l'attrait de la distinction culturelle[248] naguère propres à son rival français au détriment d'une réelle contribution à l'amélioration de la qualité de l'offre pédagogique et scientifique des universités ?

---

[248] Le titre de « Professeur agrégé des facultés de droit » a même été présenté comme le plus bel alexandrin de la langue française à en croire Jean-Marie Carbasse, « L'agrégation des facultés de droit », PP 300-319, in *Revue de Droit public et de la Science Politique en France et à l'Étranger*, N°2, mars-avril 2009, LGDJ, lextenso édition, Paris, P.300.

On comprend dans ce cas que l'affichage parfois ostentatoire des titres universitaires traduise dans les universités africaines liées au CAMES un complexe de supériorité ou d'infériorité par rapport aux pairs, révélateur d'une lutte de positionnement sur l'échiquier administratif et politique des États africains. Une lutte qui sacrifie sur l'autel des ambitions personnelles des agrégés et leur enrôlement politique l'avenir de générations de futurs diplômés d'université. On ne peut nier que les titulaires de l'agrégation interafricaine nourrissent souvent un complexe d'infériorité par rapport à leurs collègues titulaires de l'agrégation française, surtout quand les premiers sont généralement « enrôlés » par les régimes politiques toujours en quête d'une caution intellectuelle. C'est que le jury du concours national français décerne un titre qui permet à son titulaire d'être promu au grade de professeur d'université s'il exerce en France alors que le titre conféré par le jury international du concours interafricain plus sévère et impartial donne vocation à son titulaire à occuper un simple poste de maître de conférences agrégé dans les universités africaines liées au CAMES. Le sentiment de frustration relative des titulaires africains de l'agrégation française naît de l'insuffisante reconnaissance académique de leur grade par l'autorité administrative de leur pays, finalement ressentie comme une rétrogradation implicite intolérable[249].

[249] Le juriste camerounais Maurice Kamto, titulaire d'une agrégation française de droit public n'a jamais accepté de déposer son dossier de candidature à un changement au grade de maître de conférences agrégé des facultés au Conseil d'administration de la défunte

Une frustration alimentée par la domination d'un code de conduite français de la normalité académique que certains résument d'une formule lapidaire « Etudiants noirs, diplômes blancs, pouvoir toujours pâle »[250]. Formule caustique, mais finalement assez révélatrice des avatars de l'évaluation des universitaires africains par des jurys français depuis l'époque coloniale jusqu'au début des années 80. Cette dévalorisation du grade français apparaît ainsi comme un argument comparatif pour les agrégés interafricains pour mieux revaloriser leur propre titre conféré par un jury international qui est connu pour être plus sévère et impartial que son homologue national français y compris par la plupart des universitaires français eux-mêmes[251].

Université de Yaoundé. En revanche, ses pairs comme Joseph Owona, Paul Gérard Pougoué ou Minkoa Ashe et dans un contexte plus polémique Luc Sindjoun après avoir été d'office promus maître de conférences, ont accepté de subir ce que les agrégés « français » considèrent comme l'épreuve de trop. Précisons toutefois que l'intéressé invoquait à juste titre d'ailleurs à l'appui de sa décision une réglementation camerounaise des années 70 en vertu de laquelle son grade d'agrégé lui donnait le droit à occuper un emploi de professeur agrégé des facultés comme cela se faisait en France avant la réforme de 1968. Une requête adressée au juge administratif pour contester la décision de recrutement sur un emploi de MCF agrégé, requête restée sans suite puisqu'il a été finalement recruté sur cet emploi.

250 Traoré Biny, « Etudiants noirs, diplômes blancs, pouvoir toujours pâle », PP6-24, in *Revue Peuples Noirs Peuples Africains*, n°10, juillet-août 1979.

251 Étudiant l'africanisation de l'Université de Dakar, Pierre Fougeyrollas prédit déjà « un temps où les titres des professeurs de la nouvelle université ne pourront plus être proprement français et où les jurys internationaux devront alors être formés en vue de leur conférer la consécration la plus sérieuse et la plus large », P.Fougeyrollas,

De manière générale, il n'est pas rare de voir se simples maîtres de conférences s'arroger impunément le grade convoité de professeur titulaire à travers la signature électronique ou non de leurs publications scientifiques ou de la diffusion électronique de leur CV. Ce fétichisme du titre universitaire n'est pas sans risque pénal, car en droit français, signer ses travaux avec un grade usurpé est constitutif d'une infraction au Code pénal[252]. Il reste que l'infériorité numérique des titulaires africains de l'agrégation française devenue un régime d'exception de la voie courte du concours notamment par rapport à la supériorité numérique des agrégés interafricains loin d'exacerber les querelles entre les deux grades tend à favoriser une conscience de classe[253], celle des agrégés

---

« L'africanisation de l'Université de Dakar », PP34-49, in *Problèmes et perspectives de l'éducation dans un État du Tiers-Monde, le cas du Sénégal* (sous la direction de J-L Balans, C.Coulon et A.Richard).

[252] Notamment l'article 433-17 relatif à *l'usurpation de titre.*

[253] Au-delà de la conscience de classe, se jouent également des rapports de force liés à l'instrumentalisation politique des grades universitaires. Il n'est pas rare encore aujourd'hui dans les États africains qu'un professeur titulaire agrégé bloque la promotion académique d'un maître de conférences agrégé pour écarter à un rival ombrageux dans la conquête des positions de pouvoir au sein de l'appareil d'État. Ce fut le cas au début des années 70 au Cameroun à travers le durcissement par voie réglementaire des conditions de changement de grade pour écarter un titulaire de l'agrégation française à un poste de responsabilité administrative qui exigeait de son titulaire le grade de professeur agrégé. De manière moins institutionnelle, l'obstruction à la promotion académique de l'actuel doyen de la faculté des sciences politiques et juridiques de l'Université d'Abomey-Calavi au grade de professeur agrégé des facultés par l'actuel Président du Conseil constitutionnel du Bénin illustre les effets pervers de cette instrumentalisation politique des titres universitaires.

face au complexe d'infériorité des maîtres de conférences de la voie longue.

Paragraphe 2 : Tensions entre les maîtres de conférences de la voie courte et les maîtres de conférences de la voie longue

Les épreuves du concours de l'agrégation du supérieur exercent une double fonction d'agrégation porteuse d'un esprit de solidarité et une fonction de ségrégation générant des réflexes protectionnistes. Comme dans toute politique de distinction, la naissance d'une conscience de classe ou de corps procède d'une dynamique bien connue où les acteurs se posent en s'opposant. En ce sens, il n'est pas exclu de croire que les persécutions académiques dont ont été victimes les agrégés au Cameroun ces dernières années n'aient eu la conséquence imprévue de renforcer cette conscience de classe, celle d'appartenir à une sorte d'aristocratie universitaire basée sur l'excellence académique. Au Cameroun, plus qu'ailleurs, cette prétention a provoqué une sévère rétrogradation des agrégés marquée par leur recrutement à un emploi de chargé de cours ! Parallèlement encore aujourd'hui alors que le Cameroun est sommé de s'arrimer dans un certain délai aux règles académiques du CAMES, on trouve des MCF ou des professeurs d'université reconnus comme tels par l'instance nationale, le Comité consultatif des institutions universitaires, mais qui une fois évalués par les instances académiques interafricaines se voient rétrogradés au rang subalterne de maître-assistant ou de chargé de cours ! Le projet d'homologation des titres universitaires non conférés par le CAMES, mais jouissant de la même valeur académique que ceux reconnus et conférés par l'instance régionale pourrait permettre de remédier à cette situation.

Cette rétrogradation interafricaine des universitaires camerounais de rang magistral ne marque-t-elle pas la revanche de la voix royale du concours de l'agrégation sur un passé de persécution académique inauguré par la réforme universitaire de 1993 ? Ainsi retrouve-t-on des situations inédites où un maître de conférences de la voie longue s'arrogeant le titre usurpé de professeur titulaire qui est administrativement le supérieur hiérarchique de son collègue, vrai professeur agrégé se voit académiquement rétrogradé chargé de cours à la suite d'une évaluation de ses travaux par les instances interafricaines ! Pendant les trois années qui suivirent la réforme universitaire de 1993 au Cameroun, les agrégés interafricains furent systématiquement recrutés sur des emplois de simples chargés de cours ! Ces exemples symptomatiques ne sont qu'une illustration du prix de l'anormalité académique dans laquelle le Cameroun, pays bilingue s'est toujours complu en s'attachant à un mode d'évaluation local manifestement inadapté dans le contexte actuel marqué par le dialogue international des pairs mondiaux. C'est que la voie longue des travaux singulièrement au Cameroun cumule tous les effets pervers du localisme[254] au détriment de la voie

[254] Nombreux sont les cas des candidats à un changement de grade dont le dossier scientifique a été négativement apprécié par des avis

interafricaine du CAMES. Même à ce niveau, le choix de l'une ou de l'autre voie dévoile une stratégie de positionnement sur le marché des biens académiques et symboliques alimentant ainsi une querelle feutrée entre les MCF de la voie courte, jugée plus prestigieuse et ceux de la voie longue perçue comme plus laborieuse, mais plus sure. Ainsi, le principe de séniorité lié au rang sur les listes d'aptitude veut que les premiers soient inscrits après les seconds. Ce qui est un facteur d'accélération de leur carrière, car les agrégés sont promus avant les MCF de la voie longue. Préséance scientifique qui exacerbe encore les tensions récurrentes entre les deux voies et ce d'autant plus que la mise en veilleuse du Comité consultatif des institutions universitaires de 1993 à 1997 favorisera la voie courte de la promotion à la maîtrise de conférences dans les disciplines à agrégation.

Toutefois, le brevet d'excellence académique que confère le titre d'agrégé semble être plus en plus questionné. Et la controverse est d'autant plus symptomatique que les critiques émanent des universités de l'ancienne métropole connues pour accorder une place incomparable à la recherche dans la progression d'une carrière universitaire. À la réflexion, cette controverse

---

internes, mais dont la qualité de leurs travaux a été positivement reconnu par des expertises externes. En France, les inconvénients du localisme justifient l'importance d'une qualification nationale. Par ailleurs, on invoque l'amour propre d'un certain esprit universitaire relevant soit de la conscience de classe, soit du patriotisme académique qui ne s'accommode guère de l'épreuve humiliante d'un oral dans laquelle les candidats doivent affronter parfois le cynisme et le mépris du jury.

n'étonne guère dans la configuration actuelle de l'administration des carrières universitaires marquée par la montée en puissance du référentiel de l'établissement[255]. Comme le remarque Daniel Gaxie, il est délicat d'apprécier les aptitudes pédagogiques d'un candidat à travers l'épreuve orale de la leçon[256]. Le propos peut sembler stigmatiser certaines disciplines à agrégation, du moins si on s'en tient à cette mise au point du doyen Vedel au sujet du droit lorsqu'il écrit : « *Après tout, un savant bègue peut être empereur dans son laboratoire. Peut-être un beau parleur peut-il discourir sur un vague sujet en se parant des plumes arrachées à l'érudition de plus laborieux que lui. Mais le discours sur le droit a une singularité due fait que le droit est d'abord un système de communication de telle sorte qu'on* n'a *jamais vu un juriste exposer convenablement ce qu'il ne comprend pas,*

[255] En raison d'abord de la réforme de 1968 qui marqua une évolution terminologique du grade de professeur agrégé des *facultés* avec ce que cela charrie comme exigences de reproduction des champs disciplinaires à celui de professeur d'*Université*. Ensuite, de la réforme de 2008 qui consacre l'institution d'un veto présidentiel tel que l'avis du conseil d'administration en faveur du recrutement d'un enseignant-chercheur peut être ignoré par une décision du Président d'université au nom des *nécessités du service public*.

[256] Daniel Gaxie, « Agrégation de science politique : le pour, le contre et les réformes possibles », PP35-50, in *L'Économie politique*, n°23, juillet-août-septembre 2004, P.43 : « L'enseignant qui dans un amphi face à de véritables étudiants adopterait le ton docte, le rythme effréné, le style oratoire ampoulé, le registre allusif, les clins d'œil initiés, les approximations rhétoriques pour débiter des généralités hasardeuses et vagues comme beaucoup de candidats placés dans une situation de « leçon » de concours ferait sans doute face à l'incompréhension, au chahut ou au départ massif des étudiants avant la fin de la première demi-heure »

ni comprendre suffisamment ce qu'il ne peut exposer »[257]. Seulement, on peut se demander si ce point de vue n'est pas la conséquence d'une évolution de la discipline juridique, le droit qui fut longtemps une technique[258] et qui de nos jours est présentée comme une science dont la maîtrise ne s'embarrasse guère de considérations pédagogiques[259].

Cette tension entre les deux voies de la maîtrise de conférences semble être habilement instrumentalisée par le pouvoir politique conscient des enjeux de pouvoir liés au choix de la voie prestigieuse du concours de l'agrégation. Ce d'autant plus que la multiplication actuelle des candidatures à cette voie ne peut être exclusivement liée à des considérations académiques qui du reste peuvent paraître limitées[260]. Un pouvoir politique qui a beau jeu d'enrôler les agrégés dans son entreprise de légitimation

---

[257] Georges Vedel, Préface aux *Études en l'honneur de Georges Dupuis*, Droit public, Paris, 1997, P.XII.

[258] Il faut garder à l'esprit les conditions de l'institutionnalisation du droit qui, avec la médecine, était alors considérée comme une discipline professionnelle très populaire.

[259] Ce d'autant plus que déjà en 1882, un rapport rédigé au nom de la Faculté de Paris sur le projet de sectionnement de l'agrégation souligne : « Un homme peut être par exemple un académicien distingué, avoir écrit avec talent sur un sujet juridique et n'être aucunement apte à enseigner le droit. Deux choses peuvent lui faire défaut : un ensemble général de connaissances approfondies et l'art d'enseigner très différent de l'art de discourir très différent de l'art de discourir sur un sujet », Lire Jean-Marie Carbasse, op cit, P.305.

[260] Précisément en raison de l'avantage comparatif de l'ancienneté pédagogique des MCF de la voie longue par rapport à celui de la séniorité dans l'inscription sur les listes d'aptitude reconnue aux agrégés.

intellectuelle, mais qui réserve à leurs « adversaires » les MCF de la voie longue le soin de contrôler l'accès des candidats à ce cercle très fermé des universitaires en réserve de la République ! Aussi peut-on se demander si derrière la querelle entre les voies de la maîtrise de conférences ne se profile pas l'éternelle méfiance[261] qu'ont toujours inspirée les universitaires à l'endroit des régimes politiques africains habiles à diviser pour mieux régner ?

Mieux l'enrôlement politique des agrégés n'est-il pas un moyen subtil de priver les universités africaines d'opportunités de renouveler leurs offres pédagogique et scientifique si tant est que le titre d'agrégé semble être victime du brevet d'excellence académique que lui confère le jury, un titre qui une fois acquis n'aurait donc plus besoin de la consécration académique de nouvelles publications scientifiques qui culmine avec le titre de professeur titulaire ou professeur agrégé ? Ne masque-t-il pas une volonté inavouée d'hypothéquer la performance des universités en instrumentalisant à son profit la névrose de classe[262] des agrégés avec la complicité active des MCF

---

[261] André Bailleul ne dit pas autre chose lorsqu'il écrit : « Il y'a une méfiance traditionnelle et profonde du pouvoir politique à l'égard du contre-pouvoir que constituent les élites intellectuelles de l'Université », Lire A.Bailleul, *L'Université de Dakar*, thèse de droit, Dakar, 1984 ; « Le statut du personnel enseignant des universités au Sénégal », PP432-460, in *RIPAS*, n°10, Dakar, avril-juin 1984.

[262] Victor Gaujelac, *La névrose de classe*, trajectoire sociale et conflits d'identités, Hommes et groupe d'éditeurs, Paris, 1987.

de la voie longue, pour la plupart candidats malheureux[263] au concours ou collègues jaloux qui ne ratent aucune occasion pour assouvir leur rancœur sur les produits d'un système d'évaluation interafricain qui incarne à leurs yeux l'arrogance douloureuse d'une ingérence académique étrangère dans la gestion intérieure pour ainsi dire nationale de la cooptation des futurs pairs ? La persistance des voies internes d'évaluation des futurs pairs comme le Comité consultatif des institutions universitaires au Cameroun n'a rien à voir avec les commissions spéciales prévues dans les universités africaines liées au CAMES qui servent d'évaluateur d'appoint dans des spécialités non prévues par les comités techniques spécialisés interafricains. Au regard de la possibilité ouverte par le CAMES aux universitaires camerounais évalués par la voie locale de se faire coopter par la voie des travaux dans les disciplines à agrégation, on peut se demander si cette mesure salutaire ne contribuera pas à améliorer les relations entre les titulaires de la maîtrise de conférences de la voie courte par principe interafricaine et ceux de la voie longue désormais mixte pour le bien des étudiants. Qu'elle soit géographique ou technique, cette multiplication des voies de la maîtrise de conférences est porteuse d'un risque de dévaluation académique du titre, mais elle est une opportunité pour les universités

[263] Alors qu'en France, le corps refuse de considérer la voie longue du recrutement des professeurs d'université comme une procédure d'appel ou de rattrapage après un échec de la voie courte du concours de l'agrégation. C'est peut-être pour cette raison que les tensions entre les deux voies y sont plus feutrées et moins violentes que dans les universités africaines liées au CAMES.

africaines de mieux maîtriser leur politique de recrutement en fonction des priorités de formation du projet de l'établissement. L'efficacité de la mission du service public de l'enseignement supérieur en dépend grandement. Cette prise de conscience grandissante explique peut-être les changements intervenus dans les conditions de candidature au concours interafricain de l'agrégation : les assistants ne peuvent plus se présenter directement à ce concours.

Cette décision salutaire n'est pas seulement bénéfique pour l'apaisement du commerce entre les MCF de la voie longue et ceux de la voie courte. Elle est académiquement utile du moins si on garde en mémoire les récriminations dont étaient victimes les assistants d'université ayant réussi le concours de l'agrégation du supérieur : cela fait-il sens pour un jeune maître de conférence agrégé d'occuper un tel poste sans avoir assumé auparavant tout ce qu'un tel emploi suppose en termes d'expérience pédagogique, de publications scientifiques et de compétences professionnelles liées à la direction d'une équipe de recherche ou d'un master, autant d'aptitudes qui favorisent un meilleur accomplissement des missions du service public de l'enseignement supérieur ?

*

Conclusion

Le fétichisme des titres universitaires en Afrique francophone, avatar de l'héritage colonial français participe d'une conquête des distinctions culturelles socialement et politiquement valorisantes. Sous ce prisme, l'accès aux grades de rang magistral constitue un enjeu majeur de la profession universitaire dans un contexte local encore marqué par la centralisation des politiques de gestion du personnel enseignant des universités publiques. C'est bien connu, la faible autonomie des universités publiques est une prime à leur politisation. En ce sens, la réforme universitaire de 1968 marquée en France par le passage de la République des facultés à des universités pluridisciplinaires dotées d'un véritable projet d'établissement marque un tournant dont les effets ambigus[264] se font sentir dans les universités africaines. La vocation initiale des universités africaines fut de former des diplômés de l'enseignement supérieur appelés à prendre la relève des coopérants européens dans la fonction publique. Dans cette optique, le titre universitaire apparut longtemps comme un attribut individuel de promotion sociale. On découvre aujourd'hui les risques du culte dont il est encore l'objet : celui que la distribution universitaire de l'autorité académique hypothèque le pouvoir de son titulaire d'accomplir efficacement les missions du service public de l'enseignement supérieur. Le prestige et l'attractivité académique du concours de l'agrégation interafricaine, héritier du concours de l'agrégation française en est un symptôme.

[264] Si la politisation de l'université recule, le localisme prospère. Les effets vertueux de ce recul tendent à être neutralisés par les effets pervers du localisme quand parfois, ils ne se conjuguent pas avec l'instrumentalisation politique de l'université.

Dans les deux cas, cette exception universitaire franco-française apparaît comme un obstacle au recrutement direct et local des enseignants de rang magistral étrangers dont l'excellence académique n'a rien à envier à celle des universitaires agrégés. Cependant, à la différence de son équivalent français, la composition internationale du jury du concours interafricain et la diversité des nationalités représentées par les effectifs des candidats africains expliquent en grande partie la plus grande ouverture internationale de celui-ci. Or celle-ci est une opportunité pour les universitaires africains de contribuer à la faveur de la comparaison et de l'interdisciplinarité notamment dans les sciences sociales et singulièrement dans les disciplines à agrégation aux progrès de la science. Même si l'ouverture du concours interafricain à l'interdisciplinarité reste limitée en raison de la pesanteur des cloisonnements et des réflexes disciplinaires, il n'en demeure pas moins que les universités africaines sont appelées à devenir des laboratoires du dialogue interdisciplinaire et de la comparaison au regard de la complexité des problématiques actuelles comme la lutte contre la pauvreté, la protection de l'environnement, la gestion des conflits et le pluralisme culturel[265] auxquelles sont confrontées les sociétés africaines.

[265] Cette question s'inscrit généralement dans les réflexions relatives aux aires culturelles ou « areas studies » qui jouissent outre-Atlantique d'une réelle visibilité scientifique et d'une véritable reconnaissance académique.

Or c'est dans ces questions que les pôles d'excellence anglophones s'illustrent avec plus de succès que leurs homologues francophones. L'absence d'un concours d'agrégation du supérieur dans les États africains anglophones explique en grande partie cette situation[266]. Cependant, de part et d'autre, la qualité des publications scientifiques demeure le critère privilégié de l'évaluation académique des enseignants-chercheurs même si elle représente dans les milieux universitaires anglophones un critère d'évaluation décisif de l'excellence académique. L'importance de la pratique, l'autonomie plus grande des universités et leurs liens avec les fondations privées y relativisent le culte des titres universitaires et l'importance des réseaux occultes et politiques qui hypothèquent ailleurs l'accomplissement des missions du service public de l'enseignement supérieur. Dans un contexte de déclassement financier du corps, le titre universitaire n'est plus un enjeu des luttes pour la reconnaissance de la profession. En ce sens, parce qu'il ne fait plus nécessairement le bon universitaire, il demeure un indicateur ambigu de l'excellence et de l'attractivité académiques des universités africaines.

[266] Le concours de l'agrégation du supérieur vérifie difficilement l'aptitude du candidat à résoudre des cas ou questions pratiques alors même que l'enseignant agrégé est généralement appelé à former des praticiens dans le cadre des masters.

Résumé

La mise en scène médiatique des grades universitaires dans les sociétés africaines est un site d'analyse privilégié de la tension permanente entre les intérêts corporatistes et les nécessités du service public de l'enseignement supérieur. Si dans certains cas, les intérêts de la profession universitaire coïncident avec ceux de l'université, dans d'autres, ils sont incompatibles avec les nécessités du service public de l'enseignement supérieur. Le référentiel de la discipline qui organise la gestion des carrières universitaires ne s'accorde pas toujours avec celui de l'établissement, du marché ou du développement. Dans un contexte où l'université fut longtemps le pourvoyeur privilégié des fonctionnaires, la quête des titres universitaires reste encore un enjeu des luttes pour la reconnaissance. En ce sens, leur mobilisation participe d'une stratégie corporatiste de positionnement symbolique et politique qui alimente les querelles entre d'une part les agrégés CAMES et les agrégés « français » et d'autre part entre les maîtres de conférences de la voie courte et les maîtres de conférences de la voie longue.

Mots-clés : *Titres – universitaires – concours de l'agrégation – querelles – maîtres de conférences de la voie longue – maître de conférence de la voie courte – instrumentalisation – politique – nécessités de service*

Bibliographie

I – Ouvrages

Bailleul (André), *L'Université de Dakar*, thèse de droit, Dakar, 1984.

Carré (Louis), *Axel Honneth : le droit de la reconnaissance*, Michalon, 2013.

Christine Musselin, La *longue marche des universités françaises*, PUF, Collection « Sciences sociales et sociétés », Paris, 2001.

Dezalay (Yves) et Garth (Briyant), *La mondialisation des guerres de palais. La restructuration du pouvoir d'État en Amérique latine entre notables du droit et « Chicago Boys*, Seuil, Paris, 2002.

Garrigou (Alain), *Les élites contre la République : sciences po et l'ENA*, La Découverte, Collection « Cahiers libres », Paris, 2001.

Gaujelac (Victor), La *névrose de classe. Trajectoire sociale et conflits d'identités*, hommes et groupes d'éditeurs, Paris, 1987.

Honneth (Axel), La *lutte pour la reconnaissance*, Cerf, 2000.

Jean-Francois Bayart, *L'État en Afrique. La politique du ventre*, Fayard, Paris, 1989.

Tameghe Kuaté (Sorel Sylvain), *La justice, ses métiers, ses procédures. Ohada, Union Africaine, Nations Unies, Afrique centrale, Afrique de l'Ouest, Cameroun*, collection « Études africaines », série « Droit », Harmattan 2016.

II – Articles

Bailleul (André), « Le statut du personnel enseignant des universités au Sénégal », PP432-460, in *RIPAS*, n°10, Dakar, avril-juin 1984.

Beaud (Olivier), « Libres propos sur le concours de l'agrégation du supérieur », in *Actualité juridique de Droit administratif*, 2015.

Biny (Traoré), « Étudiants noirs, diplômes blancs, pouvoir toujours pâle », PP6-24, in *Revue Peuples Noirs Peuples Africains*, n°10, juillet-août 1979.

Carbasse (Jean-Marie), « L'agrégation des facultés de droit », PP300-319, *in Revue de droit public et de science politique en France et à l'Étranger*, n°2, mars-avril 2009, LGDJ, Lextensoeditions, Paris.

Copans (Jean), « Pour une anthropologie des sociabilités quotidiennes et des pratiques professionnelles : esquisses sénégalaises », PP105-123, in *Figures croisées d'intellectuels. Trajectoires, modes d'action, production* (sous la direction d'Abel Kouvouama, Abdoulaye Gueye, Anne Piriou et Anne Catherine Wagner), Karthala, Collection « Hommes et sociétés », Paris, 2007.

Fougeyrollas (Pierre), « L'africanisation de l'université de Dakar », PP34-49, in *Problèmes et perspectives de l'éducation dans un État du Tiers-Monde, le cas du Sénégal*. (Sous la direction de J-L Balans, C. Coulon et A. Richard).

Gaxie (Daniel), « Agrégation de science politique : le pour, le contre et les réformes possibles », PP35-50, in *L'économie politique*, n°23, juillet-août-septembre 2004.

Médard (Jean-François), « L'État néo-patrimonial en Afrique », in *États d'Afrique noire : formations, mécanismes et crises (*sous la direction de Jean-François Médard), Karthala, Paris, 1991.

Moron-Puch (Benjamin), « État des lieux et propositions nouvelles pour une évolution du concours d'agrégation de l'enseignement supérieur », PP1-12, in http ://hal.archives-ouvertes.fr/hal-0146291/document

Nembot (Moïse), « Commander n'est légitime que pour servir », *Revue administrative*, n°297, 1997.

Ngwé (Luc), « Le métier d'enseignant-chercheur au Cameroun : éléments pour une problématisation de l'espace universitaire camerounais à l'aube de la mondialisation », PP31-54, in *Quelle université pour l'Afrique ? Dynamiques locales de la mondialisation. Les Afriques en perspectives* (sous la direction de Noble Akam et Roland Ducasse), MSHA, Pessac, 2002.

Niang (Abdoulaye), « La recherche et ses facteurs de blocage dans les universités francophones d'Afrique : l'expérience sénégalaise », PP77-100, in *Revue de l'enseignement supérieur en Afrique*, vol 3, n°1, 2005.

Pigeyne (Frédérique) et Sabatier (Mareva), « Recruter les professeurs d'université : le cas du concours d'agrégation du supérieur en sciences de gestion », PP1-19, in *http://halshs.archives-ouvertes.fr/hal-00823990/document.*

Rivero (Jean), « Les droits et les obligations du professeur de l'enseignement supérieur », Revue de l'enseignement supérieur, 1960, Tome 3.

Supiot (Alain), « Grandeur et petitesse des professeurs de droit », PP595-614, in *Les Cahiers de droit*, Vol 42, n°3, septembre 2001.

Tameghé Kuaté (Sorel Sylvain), « La réforme du statut de la magistrature au Cameroun », PP421-435, in *De l'esprit du droit africain. Mélanges en l'honneur de Paul Gérard Pougoué*, éditions Lamy et Credij, 2015.

Vedel (Georges), « Les libertés universitaires », P.135

L'avortement en République Démocratique du Congo : de l'incrimination à la dépénalisation ou à la simple disqualification ?

KISEMBO DJOZA Jean Paul,

Chef de Travaux à la faculté de Droit de l'Université de Kisangani (UNIKIS), République démocratique du Congo

Introduction

1. Le problème

Les violences sexuelles commises en République Démocratique du Congo (RDC), de par leur ampleur et leurs conséquences sur les femmes sont de véritables défis de santé publique, politico-juridique et socio-économique. Plus d'un million des femmes ont été victimes de violences sexuelles depuis 1996[267]. Les viols systématiques sur les femmes ont été utilisés comme arme de guerre par les hommes en uniformes au cours du conflit congolais. Les conséquences médicales sont diversifiées : la propagation de maladies sexuellement transmissibles, les complications gynécologiques, les grossesses non désirées et les traumatismes psychologiques, etc. Malgré le nombre élevé de grossesses non désirées observées en République démocratique du Congo, il sied de critiquer les dispositions légales de ce pays sur la répression de l'avortement.

Il se trouve que la majorité du peuple congolais est chrétienne[268] (91% dont les catholiques 33%, les Églises de réveil 23%, les protestants 21%), puis viennent les musulmans (6%), ensuite les autres religions non chrétiennes ni musulmanes dont les kimbanguistes, les Juifs, les Orthodoxes (12%), enfin les athées (1%). Or la constitution de la RDC du 18 février 2006 en son article 1er dispose que « La République Démocratique du Congo est, dans ses frontières du 30 juin 1960, un État de droit, indépendant, souverain, uni et indivisible, social, démocratique **et laïc. »** En outre, la même constitution en son article 215 dispose que « Les traités et accords internationaux régulièrement conclus ont, dès leur publication, une autorité supérieure à celle des lois, sous

---

[267] Lisa CLIFFORD et Charles NTIRYICA, *Rapport spécial Violence sexuelle en République démocratique du Congo,* disponible sur www.iwpr.net, consulté le 22.1.2017.
[268] TARGET, « Le christianisme, religion dominante en RDC », disponible sur http://www.eventsrdc.com, consulté le 1.1.2.16.1.2017.

réserve pour chaque traité ou accord, de son application par l'autre partie. »

En conséquence le protocole à la Charte Africaine des Droits de l'Homme et des Peuples relatif aux Droits des Femmes, mieux connu sous le nom de Protocole de Maputo signé par la RDC stipule en son article 14 que les pays ayant ratifié ce protocole sont tenus de " protéger les droits reproductifs des femmes, en autorisant particulièrement l'avortement médicalisé, en cas *d'agression sexuelle et de viol ".*[269] »

Il importe de clarifier les concepts-clés de cette réflexion, à savoir :

1.a) L'incrimination : est « une mesure de politique criminelle consistant, pour l'autorité compétente (en principe le pouvoir législatif), à ériger un comportement déterminé en infraction, en déterminant les éléments constitutifs de celle-ci et la peine applicable au nom du principe de la légalité : « *nullum crimen nulla poean sine lege* »[270].

1.b) La dépénalisation : « opération législative qui consiste à enlever à un fait son caractère d'infraction »[271], ou mieux elle est « une technique permissive du

[269] OMBA KALONDA J.C., « Violence sexuelle au Congo-Kinshasa : nécessité de la dépénalisation de l'avortement », in *Revue médicale*, Bruxelles, 2012, p.486.
[270] GÉRARD CORNU, Vocabulaire juridique, Paris, PUF, Association Henri Capitant, 2009, p.480.
[271] Raymond GUILLIEN et Jean VINCENT, Lexique des termes juridiques, Paris, Dalloz, 2007, p. 229.

législateur ayant pour effet de faire disparaître du droit pénal congolais un comportement incriminé »[272].

1.c) La disqualification : « technique consistant pour le juge pénal, d'écarter le rattachement d'un fait délictueux à une catégorie d'infraction pour opérer son rattachement à une catégorie moins grave »[273], ou encore elle est « une technique par laquelle le législateur ou le juge abandonne une ancienne qualification sévère de fait infractionnel à travers des éléments constitutifs plus étendus pour adopter une nouvelle qualification moins sévère à travers ses éléments constitutifs réduits »[274]

Les questions suivantes se posent dès lors :

- *Comment concilier l'interdiction de l'avortement et l'acceptation de sa pénalisation par la majorité des Congolais suite à leur conviction religieuse chrétienne, avec l'autorisation de l'avortement par le protocole de Maputo signé librement et régulièrement par*

  la RDC ?

- *La RDC qui doit honorer ses engagements de respecter et d'appliquer de bonne foi les instruments juridiques internationaux qu'elle a ratifiés tels que le*

[272] LUZOLO BAMBI LESSA et BAYONA BA MEYA, *Manuel de procédure pénale,* Kinshasa, Presses universitaires du Congo, 2011, p.173.
[273] GÉRARD CORNU, Op.cit, p.318.
[274] NYABIRUNGU MWENE SONGA, *Traité de droit pénal général congolais*, Kinshasa, éditions « DES », 2011, p.88.

protocole de Maputo, devrait-elle en conséquence dépénaliser l'avortement ou tout simplement le disqualifier?

2. Les hypothèses

À ces questionnements, nous répondons provisoirement que :

- *L'interdiction de l'avortement et l'acceptation de sa pénalisation par la majorité des Congolais suite à leur conviction religieuse chrétienne, ne devraient nullement conduire au rejet de l'autorisation de l'avortement et de sa dépénalisation par le protocole de Maputo signé librement et régulièrement par la RDC vu la laïcité constitutionnelle de l'État congolais.*

- *Par respect à ses engagements internationaux, la RDC devrait dépénaliser l'avortement conformément au protocole de Maputo qu'elle a ratifié pour autant que ce protocole ait été publié dans son journal officiel.*

3. L'approche méthodologique

La *méthode systémique* qui se caractérise par le fait que les systèmes sociaux observent un comportement cybernétique c'est-à-dire qu'ils réagissent aux modifications imprimées à leur environnement, car le tout est compris dans un système social.

En effet, cet environnement constitué des justiciables injecte des demandes par des plaintes ou dénonciations qui sont des *inputs*) soit pour la poursuite et la répression des avortements par le système judiciaire, soit carrément la dépénalisation de l'avortement par la loi par respect du protocole de Maputo qui en prône la décriminalisation. Pour ce faire, le système judiciaire les traite par ses organes compétents (que sont les polices judiciaires, les parquets, les cours et tribunaux qui constituent les chambres noires, et ce, au regard des instruments juridiques applicables dans le système judiciaire congolais).

Par conséquent, il en ressort des *outputs* formés des décisions tels que les classements sans suite, les jugements et arrêts soit de condamnation aux peines et aux dommages-intérêts, soit d'acquittement. Ces décisions peuvent être assimilées aux politiques criminelles au regard des demandes reçues. De retour dans l'environnement, ces extrants transitent et reviennent au système, par effet de rétroaction (*feedback*) constituée des réactions de l'environnement face aux outputs ou décisions du système suite aux inputs. Ces feedbacks peuvent être la satisfaction des justiciables qui soutiennent la pénalisation de l'avortement ; ou alors la déception des justiciables qui réclament la dépénalisation de l'avortement en application du protocole de Maputo. Ces feedbacks redeviennent alors des inputs pour le système qui les retraitera suivant le même schéma.

L'approche juridique a permis d'analyser les instruments juridiques tant nationaux qu'internationaux relatifs à l'incrimination de l'avortement et de sa dépénalisation.

L'approche fonctionnaliste a permis de déterminer les organes compétents sur la réglementation de l'avortement (notamment le parlement, le président de la République, le service du journal officiel, les médecins, les polices judiciaires et parquets, les cours et tribunaux).

Ainsi avons-nous décelé :

a) *leurs fonctions manifestes* consistant pour le parlement à légiférer sur la question ; pour le président de la République à promulguer la loi ; pour le journal officiel à publier la loi ; pour les médecins à pratiquer ou ne pas pratiquer à l'avortement selon les prescrits de la loi, pour les polices judiciaires et les parquets à poursuivre l'avortement s'il est un fait infractionnel ou alors à le classer sans suite et donc ne pas poursuivre s'il n'est une infraction ; aux cours et tribunaux de le réprimer ou selon qu'il est infractionnel ou non.

b) *Leurs dysfonctionnements* en ce que le parlement a trop trainé presque deux ans après la signature, pour autoriser la ratification du protocole de Maputo ; le parlement ne prend pas une loi pour adapter le Code pénal congolais aux prescrits du protocole de Maputo ; le journal officiel ne publie pas le protocole de Maputo ; l'avortement thérapeutique est réglementé par une ordonnance (qui est un texte réglementaire au lieu d'un texte législatif) ; les polices judiciaires, les parquets ne poursuivent et cours et tribunaux ne répriment que très rarement les avortements criminels puisqu'ils sont des infractions cachées non rapportées aux agences pénales ; les médecins pratiquent très rarement les avortements thérapeutiques vu les conditions qui les entourent.

c) Alors, nous proposons comme *alternatives fonctionnelles* :

- Que le parlement adopte une loi sur l'avortement thérapeutique en conformité avec le protocole de Maputo

- Que le président de la République promulgue cette loi rapidement par respect de la laïcité de l'État congolais

- Que le journal officiel de la RDC publie le protocole de Maputo afin de lui accorder force supérieure au Code pénal congolais,

- Que les polices judiciaires, les parquets, les cours et tribunaux appliquent le protocole de Maputo une fois publié au journal officiel en attendant d'appliquer la loi que le parlement adoptera pour s'y conformer.

Grâce à la *technique d'interview libre,* nous avions pu interroger un échantillon aléatoire de 500 justiciables considérées au regard de leur religiosité pour recueillir leurs avis sur le maintien de la pénalisation de l'avortement ou sa dépénalisation. Ils sont répartis comme suit[275] :

a) 250 chrétiens peu importe leur religion chrétienne (catholique ou protestante) vu que la religion chrétienne est la plus dominante.

b) 150 musulmans (car l'Islam est dominant, en RDC, après le christianisme)

c) 50 des autres religions (ni musulmanes ni chrétiennes)

d) 50 athées

La *technique documentaire* nous a favorisé la consultation de différents doctrinaires sur l'incrimination de l'avortement et sur les engagements internationaux relatifs aux ratifications des instruments juridiques internationaux.

Cette réflexion sera menée à travers les points ci-après :

---

[275] TARGET, « Le christianisme, religion dominante en RDC », disponible sur http://www.eventsrdc.com, consulté le 1.1.2.16.1.2017.

I. Facteurs et risques d'avortement en RDC

II. Discussion sur le maintien de l'incrimination d'avortement ou l'utilité de sa dépénalisation

I. Facteurs et risques d'avortement en RDC

A. Facteurs

Étant une œuvre humaine, l'avortement ne peut résulter que de multiples causes et facteurs, dont la liste ne saurait être exhaustive.

Des fois « certaines filles enceintes jugent bon d'interrompre leur grossesse pour éviter les moqueries de leur entourage. Quand une fille qui n'est pas mariée tombe enceinte, on la prend directement pour une fille de mœurs légères ou une prostituée, et fait l'objet des moqueries. C'est pourquoi certaines filles préfèrent avorter pour sauvegarder leur honneur. D'autres le font pour éviter de mettre au monde au moment non désiré. Ceci arrive parfois si les méthodes de contraception ont échoué et qu'on arrive à tomber enceinte au moment où on ne s'y attendait pas. »[276]

« Les grossesses précoces sont des sources des problèmes causant les avortements. En effet, chez les jeunes, la plupart des grossesses non désirées aboutissent

[276] Prince MURHULA, « En RDC, a*vorter volontairement, c'est tuer* », disponible sur http : www.jpddh.org, consulté le 21.1.2017.

aux avortements clandestins. Des spécialistes de l'OMS[277] indiquent que ces grossesses précoces sont causées par l'augmentation de l'activité sexuelle à l'adolescence, le manque de connaissances et de compétences pour éviter de tomber enceinte, la difficulté d'accès aux contraceptifs, leur mauvaise et/ou utilisation irrégulière, l'incapacité de pouvoir refuser des rapports sexuels non souhaités. Certaines jeunes filles ont recours à l'avortement pour plusieurs raisons.

Elles n'ont pas les moyens d'élever un enfant, elles souhaitent finir leurs études. Elles ne sont pas prêtes à devenir mères et ne souhaitent pas devenir des mères célibataires, car elles sont trop jeunes ou trop immatures. D'autres filles le font sous la pression de leurs copains ou bien ces derniers nient d'être à l'origine de leur grossesse. *Les garçons sont les instigateurs des avortements, car ils craignent le poids de la responsabilité. Le manque de moyens pour élever l'enfant, la peur de la famille, la misère figurent parmi les causes.»* [278]

« La crainte de la stigmatisation en est une autre cause. Les jeunes femmes enceintes en dehors du cadre marital souhaitent plus souvent interrompre leur grossesse. Certaines écoles excluent des filles enceintes pour décourager les autres jeunes. Les jeunes femmes qui

---

[277] OMS, « *La grossesse chez les adolescentes »,* disponible sur http : www.who.int.adolescent_pregnancy, et Idem, *« 16 millions de grossesses précoces : l'OMS réclame des soins qualifiés »,* disponible sur http:www.santelog.com, consulté le 12.12.2016.

[278] NGANDU A., *Jeunes et avortement clandestin, quels risques ?,* in Revue 100 % Jeunes, n° 006 août- septembre 2013, p.7.

craignent avoir des difficultés à réintégrer l'école ou à finir leur formation après l'accouchement préfèrent mettre fin à une grossesse non planifiée.

Les *filles avortent pour plusieurs raisons. Elles ont peur de devenir des filles mères avant l'âge, elles ont aussi peur d'arrêter subitement les études, et elles craignent la réaction de membres de la famille, etc.»*[279]

« Les principaux déterminants des avortements au niveau des jeunes filles sont la peur (de la famille, des enseignants, des tuteurs, etc.), la honte (à l'égard des amies, des parents et de la société), le rapport à la religion (catholique, protestante et églises de réveil, toutes prônant comme vertu la virginité ou tout au moins le mariage avant l'enfantement).»[280]

Docteur Chantal NZEY, *Présidente de l'Union Congolaise des Prestataires Cliniques en Planification Familiale (UCPPF) affirme : « On évoque d'abord des facteurs interpersonnels tels que la peur des parents, les exigences des us et coutumes, des croyances religieuses (par exemple les parents de confession protestante qui se voient obliger d'avouer devant les fidèles que leur fille est enceinte avant le mariage), l'abandon des études, etc. En suite des facteurs environnementaux pointés à savoir la*

[279] Idem, p.8.
[280] MÉDECINS DU MONDE, *Les déterminants socioculturels et communautaires des grossesses non désirées et des avortements*, Kinshasa, RDC, p.32.

pression psycho-sociale, le manque des moyens financiers.»[281]

Nous pouvons y adjoindre la pauvreté et les crises économiques qui gangrènent la société congolaise, elles deviennent des facteurs certains qui favorisent les avortements volontaires. En effet, les femmes surtout les mineures, manquent des ressources suffisantes pour conserver la grossesse, celle-ci nécessitant des soins appropriés et une saine alimentation dont les coûts ne sont pas à leur portée.

Enfin, il sied de relever que la plupart d'auteurs de grossesse, sont souvent mineurs, n'ayant pas de moyens financiers, ils nient les grossesses leur attribuées. Les adultes irresponsables font de même. Dès lors, les filles enceintes se sentent abandonnées à elles-mêmes, et décident d'avorter par peur des réactions de rejet de la part de leur famille, etc.

B. Risques

Très souvent les avortements volontaires sont clandestins. En conséquence, ils débouchent sur des conséquences sociologiques, sanitaires, juridiques fâcheuses telles que les exemples non exhaustifs ci-après :

---

[281] Dr NZEY C., « Dîtes nous docteur », in NGANDU A., ***Jeunes et avortement clandestin, quels risques ?*** **in Revue 100 % Jeunes,** N°006 AOUT- SEPTEMBRE 2013, p.9.

B.1. sur le plan sanitaire :

- Risques de contamination : « les méthodes utilisées pour effectuer des avortements clandestins sont dangereuses. On décrie l'utilisation de produits chimiques, de plantes et d'objets perçants inadéquats. Des sources médicales renseignent que ces objets perçants utilisés sont souvent non stérilisés et peuvent facilement infecter les filles au VIH ou aux autres infections sexuellement transmissibles[282].»

- D'autres complications possibles telles que les infections, hémorragie, lésion des organes reproducteurs, perforation intestinale, réaction toxique aux médicaments utilisés. Les complications sont parfois si graves qu'elles peuvent entrainer la mort si on n'intervient pas très rapidement.

B.2.*Conséquences sociales :*

La chance très réduite de mariage suite au rejet familial ou de l'entourage (22,7%), dépenses financières (18,2%) ; conflits familiaux (9,1%). « On évoque d'autres conséquences possibles à savoir infertilité, traumatisme psychologique, réactions négatives de la société.[283]», etc.

---

[282] Dr NZEY C., « Dîtes nous docteur », in NGANDU A., ***Jeunes et avortement clandestin, quels risques ?,*** **in Revue 100 % Jeunes,** N°006 AOUT-SEPTEMBRE 2013, p.10.

[283] NGANDU A., ***Op.cit,*** p.9.

B.3. Conséquences judiciaires

- Le divorce
- Les poursuites et condamnations pénales, les privations de liberté pour infraction d'avortement, etc.

II. Discussions sur le maintien de l'incrimination d'avortement ou l'utilité de sa dépénalisation

II.A. Du point de vue du droit positif sur l'incrimination d'avortement

II.A.1.Incrimination de l'avortement

L'avortement volontaire est pénalisé sous deux incriminations par la loi pénale de droit commun, à savoir *le décret du 30 janvier 1940 portant code pénal congolais* :

- Avortement par autrui : l'article 165 du Code pénal congolais dispose : « Celui qui, par aliments, breuvages, médicaments, violences ou par tout autre moyen aura fait avorter une femme, sera puni d'une servitude pénale de cinq à quinze ans » : *il est question d'un tiers qui fait avorter la femme. Cette infraction relève de la compétence du tribunal de grande instance.*

- <u>Avortement par soi-même</u> : Et l'article 166 du même code dispose que « la femme qui volontairement se sera fait avorter sera punie d'une servitude pénale de cinq à dix ans » : *il est plutôt question de la femme elle-même qui décide de se faire avorter. Le tribunal de grande instance sera compétent de juger cette infraction.*

II.A.2. Tentatives d'avortement

Il est de principe général de droit romano-germanique dont le droit pénal congolais a hérité, que *« Infans conceptus pro nato habetur quoties de commodis ejus agitur » (l'enfant simplement conçu est réputé être déjà né vivant et viable dès lors qu'il est question de ses intérêts. »*

En conséquence, *la loi n° 09/001 du 10 janvier 2009 portant protection de l'enfant*, qui est une loi pénale spéciale, consacre la protection pénale de l'enfant avant sa naissance en consacrant l'avortement comme circonstance aggravante de :

- <u>Coups et blessures (Article 143)</u> : « Quiconque porte volontairement des coups ou fait des blessures à une femme enceinte est passible de six mois à un an de servitude pénale principale et d'une amende de cent milles à deux cent cinquante mille francs congolais.»

Cette disposition interdit ce genre de coups et blessures, car ils peuvent facilement provoquer l'avortement, quand bien même ils n'ont encore rien provoqué de tel, ils sont considérés comme la tentative de commettre l'avortement par autrui.

- Coups et blessures volontaires aggravés (Article 144) : « Si les coups portés et les blessures faites volontairement, sans détruire l'embryon ou le fœtus, entraînent pourtant une altération grave de la santé de la femme, de l'embryon, du fœtus ou la perte d'un organe, l'auteur est passible de deux à cinq ans de servitude pénale principale et d'une amende de deux cents milles à trois cent cinquante mille francs congolais. »

Il ressort de cette disposition que les coups et blessures ont causé des aggravations de la santé de la femme, ou de l'embryon ou fœtus ou encore la perte d'un autre organe, formant encore des tentatives d'avortement par autrui.

II.A.3. Avortement comme circonstance aggravante de l'infraction de coups et blessures

Nous citons :

- *Coups et blessures volontaires causant involontairement l'avortement (Article 145) : « Si les coups portés et les blessures faites volontairement, mais sans intention de provoquer l'avortement, l'ont pourtant causé, l'auteur est passible de deux à cinq ans de servitude pénale principale et d'une amende de trois cent cinquante mille à cinq cent mille francs congolais. »*

Cette disposition est plus importante vu qu'elle incrimine l'avortement dû aux coups et blessures volontaires sans cependant la volonté de provoquer cet avortement. Ainsi voit-on l'aggravation des coups et blessures volontaires causant l'avortement sans intention de le causer. Par contre si les coups et blessures volontaires ont été causés avec intention de faire avorter autrui, ils constitueront uniquement l'infraction d'avortement et non des coups et blessures aggravés.

II.A.4.Les abstentions coupables pouvant provoquer l'avortement

- Non-assistance à personne en danger (Article 146) **:** « Est puni des peines prévues pour non-assistance à personne en danger, le personnel soignant qui s'abstient de porter assistance à une femme en instance d'accouchement. »

Il appert que cette incrimination protège encore l'enfant à naître des abstentions de secours à sa mère par le personnel soignant, abstention pouvant conduire à sa mort par avortement de fausse couche.

Dès lors, il importe de noter trois modes ou éléments matériels de réalisation de l'infraction d'avortement :

1. Par aliments, breuvages, médicaments, violences ou par tout autre moyen utilisé par la tierce personne qui fait avorter la femme.

2. La loi ne précise pas les moyens par lesquels la femme se fait elle-même avorter. Il est à conclure qu'il sous-entend *tout moyen*, en ce compris même ceux utilisés par la tierce personne tel que ci-dessus décrit.

3. Par des coups et blessures volontaires.

Cependant, dans l'article 165 du décret du 30 janvier 1940 portant code pénal congolais, le législateur parle également de *« violences »*. Or les coups et blessures volontaires constituent bel et bien les violences. De ce fait la disposition de l'article 145 de la loi précitée portant protection de l'enfant consacrant les coups et blessures volontaires causant l'avortement sans intention de le causer, ne fait que s'inscrire dans la logique de l'article 165 du Code pénal, notamment dans les « violences ». Le droit pénal étant de stricte interprétation, les violences autres que les coups et blessures, qui provoquent l'avortement avec l'intention de le faire seront qualifiées d'avortement par autrui (si une tierce personne qui réalise ces violences sur la femme), et d'avortement sur soi-même (si la femme elle-même est l'auteure de ces violences).

Par contre les coups et blessures volontaires causant l'avortement sans intention de le provoquer, ne seront pas qualifiés d'avortement (par violences), mais plutôt de coups et blessures volontaires aggravés, l'avortement aggravant lesdits coups et blessures.

II.A.5. Propagande anticonceptionnelle ou antinataliste : infraction connexe à l'avortement

La *loi de 2004 modifiant et complétant le Code pénal dans son article 178* dispose

« Quiconque aura soit par l'exposition, la vente ou la distribution d'écrits, imprimés ou non, soit par tout autre moyen de publicité, préconisé l'emploi de moyens quelconques de faire avorter une femme, aura fourni les indications sur la manière de se les procurer ou de s'en servir ou aura fait connaître, dans le but de les recommander, les personnes qui les appliquent ;

Quiconque aura exposé, vendu, distribué, fabriqué ou fait fabriquer, fait importer, fait transporter, remis à un agent de transport ou de distribution, annoncé par un moyen quelconque de publicité, les drogues ou engins spécialement destinés à faire avorter une femme ou annoncés comme tels ;

Quiconque aura exposé ou distribué des objets spécialement destinés à empêcher la conception et aura fait de la réclame pour en favoriser la vente ;

Quiconque aura, dans un but de lucre, favorisé les passions d'autrui en exposant, vendant ou distribuant des écrits imprimés ou non qui divulguent des moyens d'empêcher la conception, et en préconisant l'emploi ou en fournissant les indications sur la manière de se les procurer ou de s'en servir ;

Quiconque aura, en vue du commerce ou de la distribution, fabriqué, fait fabriquer, fait importer, fait transporter, remis à un agent de transport ou de distribution ou annoncé par un moyen quelconque de publicité les écrits visés dans l'alinéa précédent, sera puni d'une servitude pénale de huit jours à un an et d'une amende de vingt-cinq à mille zaïres ou d'une de ces peines seulement ».

Il ressort de cet article les actes matériels diversifiés ci-après constitutifs de l'infraction de propagande anticonceptionnelle ou antinataliste et non d'avortement proprement dit :

- préconiser l'emploi de moyens quelconques de faire avorter une femme

- fournir les indications sur la manière de se les procurer ou de s'en servir ou les

- faire connaître, dans le but de les recommander, les personnes qui les appliquent

- exposent, vendent, distribuent, fabriquent ou font fabriquer, font importer, font transporter, remettre à un agent de transport ou de distribution, annoncer par un moyen quelconque de publicité les drogues ou engins spécialement destinés à faire avorter une femme ou annoncés comme tels

- exposer ou distribuer des objets spécialement destinés à empêcher la conception et faire de la réclame pour en favoriser la vente

- dans un but de lucre, favoriser les passions d'autrui en exposant, vendant ou distribuant des écrits imprimés ou non qui divulguent des moyens d'empêcher la conception, et en préconisant l'emploi ou en fournissant les indications sur la manière de se les procurer ou de s'en servir

- en vue du commerce ou de la distribution, fabriquer, faire fabriquer, faire importer, faire transporter, remettre à un agent de transport ou de distribution ou annoncer par un moyen quelconque de publicité, les écrits visés dans l'alinéa précédent.

Cette incrimination est punissable de huit jours à un an et d'une amende de vingt-cinq à mille francs ou d'une de ces peines seulement.

II.A.2. Modalités de répression de l'avortement volontaire

De deux incriminations consacrées par les articles 165 et 166 du décret du 30 janvier portant code pénal, il appert que le législateur est plus sévère envers la tierce personne qui fait avorter une femme, car la peine que risque l'auteur d'une telle infraction va de 5 ans au minimum à 15 ans au maximum. Par contre la femme qui volontairement se sera fait avorter, sera punie d'une servitude pénale de cinq à dix ans.

Nous fustigeons cette discrimination de pénalisation, car la femme qui décide de se faire avorter est plus dangereuse vu qu'elle peut y procéder juste par vengeance de la déception qu'elle a subie de la part de l'homme qui l'a engrossée, qu'elle avait piégée par cette grossesse comme stratagème pour le mariage. En effet, beaucoup de femmes pensent que tomber enceinte contraindra les hommes à les épouser par crainte de déshonneur social.

II.B. Au regard du principe de la laïcité de l'État congolais : points de vues des enquêtés.

Le peuple de la RDC a pour valeur majoritairement partagée : la foi chrétienne[284]. Or cette foi rejette l'avortement comme reniement de la vie sacrée que Dieu seul accorde et retire. Dès lors le droit pénal doit-il ignorer cette valeur chrétienne au risque qu'elle s'impose à elle ? Évidemment que cette valeur chrétienne s'impose à elle, car « la majorité des Congolais est contre l'avortement même thérapeutique.[285] »

L'article 1er de la constitution de la RDC du 18.2.2006 dispose : « La République Démocratique du Congo est, dans ses frontières du 30 juin 1960, un État de droit,

---

[284] TARGET, « Le christianisme, religion dominante en RDC », disponible sur http://www.eventsrdc.com, consulté le 16.1.2017.
[285] Prince MURHULA « En RDC : *Avorter volontairement, c'est tuer* », disponible sur http : www//jpddh.org, consulté le 21.7.2016.

indépendant, souverain, uni et indivisible, social, démocratique et laïc. »

Au nom de cette laïcité, les pouvoirs publics n'ont pas à se soumettre aux convictions religieuses pour légiférer, réglementer, ou sanctionner. Autrement il aurait été impossible de disposer des instruments juridiques tant légaux que réglementaires vu les contradictions de ces croyances religieuses ou mystiques.

C'est toujours au nom de cette laïcité que la RDC a ratifié le protocole de Maputo pour disqualifier l'avortement en l'autorisant sous certaines conditions.

Mais alors les questions fondamentales demeurent les suivantes : *au nom de la laïcité de l'État congolais, faut-il maintenir l'avortement comme infraction ou carrément le dépénaliser sans condition, ou alors le disqualifier (c'est-à-dire en supprimer certains éléments constitutifs sous certaines conditions afin d'éviter des abus et le rendre moins sévèrement puni ?)*

*En effet, l*e droit positif, est « (…) la transcription normative de l'axiologie d'un groupe c'est-à-dire les mentalités ou valeurs partagées par un peuple et lorsqu'il ne prend pas en compte ces valeurs, elles s'imposent à lui.[286] »

---

[286] KAMTO M., *La justice entre tradition et modernité*, Afrique Contemporaine, No 156, 4e trimestre 1990, p.57.

Il en résulte que le législateur pénal doit tenir compte des valeurs jugées importantes par les populations dans la seule mesure où ces valeurs, actes ou pratiques, ne contrarient pas les objectifs de développement socio-économique et/ou les valeurs communément partagées par la majorité des nations. D'aucuns diront que ces valeurs relèvent plutôt de la sociologie et que le droit, surtout le droit pénal, ne fait pas toujours bon ménage avec la sociologie.

Cette grande et dominante valeur du peuple congolais est bel et bien sa chrétienneté[287].

Il sied de noter que des fois le droit pénal fait bon ménage avec la sociologie. En effet, il est des moments où le droit pénal tient compte de la sociologie dite « sociologie criminelle », sans laquelle il ne saura devenir le reflet des mentalités du peuple qu'il est censé régir avec coercition.

« Ainsi la sociologie criminelle qui est l'étude du phénomène criminel selon les faits sociaux pour savoir comment établir une norme pénale en tenant compte des faits sociaux que sont les mentalités et la civilisation même d'un peuple donné, offre au droit pénal l'élément

---

[287] TARGET, « Le christianisme, religion dominante en RDC », disponible sur http://www.eventsrdc.com, consulté le 1.1.2.16.1.2017.

expérimental formé par la mentalité, mieux la civilisation du peuple qu'il réglemente.[288] »

Le tableau qui suit répond à ces questions.

[288] KAPAGAMA IKANDO P., *Comment construire un droit pénal congolais enraciné dans la sociologie du terroir ?*, Kinshasa, éd. Droit et société, 2003, p.8.

Tableau 1 : Opinions des 500 interviewés sur la question du maintien, de la dépénalisation ou de la simple disqualification d'avortement

QQQQQUUQ Religions	**Fréquence de base**	**Maintien de la pénalisation rigoureuse de l'infraction d'avortement par conviction religieuse**	**Dépénalisation de l'avortement au nom de la laïcité de l'État congolais**	**Simple disqualification de l'avortement sous certaines conditions au nom de la laïcité de l'État congolais**
Les chrétiens	250	185	6	59
Les musulmans	150	95	4	51
Les autres	50	12	32	6

religions non chrétiennes				
Les athées	50	8	37	5
TOTAL 100 %	500	300 soit 60 %	79 soit 15,8 %	121 soit 24,2 %

Source : Enquête de terrain

Il ressort de ce tableau que la volonté du maintien de l'incrimination d'avortement et sa pénalisation rigoureuse est majoritaire (60% dominés par les religions monothéistes, dont les chrétiens, dans l'ordre de 62% des chrétiens ; puis 32% des musulmans, puis 4% des autres religions, enfin 2% des athées). Cependant 24,2% de l'ensemble d'enquêtés (49% des chrétiens, 42% des musulmans, 5% des autres religions, enfin 4% des athées veulent une disqualification de l'avortement sous certaines conditions, en l'occurrence que certains de ces éléments constitutifs soient supprimés et d'autres maintenus afin d'en assouplir la pénalisation.

Ainsi existera-t-il des actes autrefois constitutifs d'avortement qui ne le seront plus puisque dépénalisés, mais tout ne sera pas dépénalisé, sinon des abus graves pourraient subvenir : d'où la disqualification.

Il importe de noter que le législateur a pris compte de cette valeur congolaise majoritaire en pénalisant l'avortement criminel, les coups et blessures volontaires causant l'avortement sans intention de le provoquer, et tant d'autres incriminations y relatives décrites plus haut.

II.C. Au regard du respect des obligations internationales de la RDC suite à la ratification du protocole de Maputo

Il sied de relever que « plus récemment le protocole à la Charte Africaine des Droits de l'Homme et des Peuples relatif aux Droits des Femmes, mieux connu sous le nom de Protocole de Maputo signé par la RDC stipule en son article 14 que les pays ayant ratifié ce protocole sont tenus de " protéger les droits reproductifs des femmes, en autorisant particulièrement l'avortement médicalisé, en cas *d'agression sexuelle et de viol ".*[289]»

D'après l'ONG MÉDECINS DU MONDE, « la RDC a ratifié ce protocole le 9 février 2009, sans aucune réserve. Le Protocole, dans son article 14, point 2, littera c, prévoit que « Les États prennent toutes les mesures appropriées pour protéger les droits reproductifs des femmes, particulièrement en autorisant l'avortement médicalisé, *en cas d'agression sexuelle, de viol, d'inceste et lorsque la grossesse met en danger la santé mentale et physique de la mère ou la vie de la mère ou du fœtus*[290] ».

« En RDC plusieurs grossesses sont dues aux violences sexuelles, dont le viol et les autres agressions sexuelles, ainsi que les incestes[291].»

Or il est de principe de droit international « *Pacta sunt servanda* » : les traités doivent être respectés de bonne foi lorsqu'ils ont été signés librement et régulièrement ratifiés. Dans cet ordre, étant du système moniste avec primauté du droit international, l'article 215 de la constitution précitée dispose : « Les traités et accords internationaux régulièrement conclus ont, *dès leur publication*, une autorité supérieure à celle des lois, sous réserve pour

---

[289] OMBA KALONDA J.C., « Violence sexuelle au Congo-Kinshasa : nécessité de la dépénalisation de l'avortement », in *Revue médicale*, Bruxelles, 2012, p.486.
[290] MÉDECINS DU MONDE, *op.cit*, p.12.
[291] OMBA KALONDA J.C., *op.cit*, p.486.

chaque traité ou accord, de son application par l'autre partie. »

En conséquence, au nom du monisme du système juridique congolais, le protocole de Maputo devrait avoir force supérieure immédiate au Code pénal congolais et à toutes les lois spéciales congolaises qui pénalisent l'avortement et les diverses infractions connexes à celui-ci, *si et seulement ce protocole avait été publié au journal officiel de la RDC.*

« Mais la RDC ne l'a jamais publié au Journal Officiel, ce qui peut limiter sa portée juridique.[292]»

Dès lors, sa portée restant limitée, le protocole de Maputo ne peut pas directement avoir une force supérieure aux dispositions pénales internes de la RDC sur l'avortement et sur toutes les infractions qu'il aggrave ou qui le provoquent. Toutefois par respect de ses obligations internationales, la RDC se doit de publier au journal officiel ce protocole afin de l'appliquer de bonne foi et sans désemparer. Étant du système moniste avec primauté du droit international, il importe que la RDC adapte sa législation interne aux prescrits de l'accord de Maputo sur les dispositions qui divergent avec cet accord. En effet, ledit protocole dispose d'ores et déjà d'une supériorité relative aux lois internes de la RDC, vu que ce dernier a ratifié et publié dans son journal officiel la convention sur l'élimination de toutes les formes de discrimination à

---

[292] Prince MURHULA « En RDC, *Avorter volontairement, c'est tuer* », disponible sur http : www//jpddh.org, consulté le 21.1.2016.

l'endroit de la femme, la Déclaration universelle des droits de l'homme, et de la charte de l'Union Africaine, tous des textes qui prônent l'égalité entre les sexes et la suppression de toute forme de discrimination envers les femmes.

En conséquence, si l'homme est en droit de jouir librement de son corps, d'en préserver l'inviolabilité et l'intégrité, ainsi qu'à la liberté sexuelle, il serait discriminatoire et donc à proscrire que la femme n'ait pas en RDC le même droit de ne pas avoir à subir et garder une grossesse qu'elle ne veut pas puisqu'elle lui a été imposée par viol, par inceste, par agression sexuelle et lorsque la grossesse met en danger la santé mentale et physique de la mère ou la vie de la mère ou du fœtus. La RDC étant infestée des milices, des hommes en armes, et où les droits humains sont banalisés et bafoués jour et nuit en toute impunité, plusieurs femmes ont été et sont encore victimes d'agressions sexuelles, de viols, des incestes, dont elles tombent enceintes, mettant en péril leur propre santé, voire leur vie sans oublier celles du fœtus.

II.D. Avortement thérapeutique comme position du droit positif au regard du principe de laïcité de l'État congolais ainsi que du respect de ses engagements internationaux

II.D.1. Avant le protocole de MAPUTO

Bien avant ce protocole de 2003 ratifié par la RDC le 9 février 2009, l'article 32 alinéas 1 de l'Ordonnance n° 70-158 du 30 avril 1970 déterminant les règles de la déontologie médicale dispose[293] : *«L'avortement est interdit par le Code pénal. Dans des cas exceptionnels, lorsque la vie de la mère est gravement menacée et que l'avortement thérapeutique paraît le seul moyen de la sauver, la légitimité de cette intervention reste en discussion.»*

L'article 32, alinéas 2 de la même ordonnance dispose[294] : *« On entend par avortement thérapeutique l'interruption provoquée de la grossesse, dans un but thérapeutique, avant la date de viabilité fœtale.»*

C'est dans cette optique que ***Docteur Chantal NZEY*** soutient que « l'avortement est autorisé lorsqu'il est pratiqué à des fins thérapeutiques c'est-à-dire soit la vie de la mère est en danger si elle continue avec la grossesse, soit la maladie maternelle ne permettant pas à la grossesse d'évoluer jusqu'à son terme.[295]»

Il sied cependant de faire remarquer que même s'il est thérapeutique, l'avortement est soumis à de rigoureuses formalités ou conditions dont l'inobservance fait perdre à cet avortement tout caractère thérapeutique, devenant donc un avortement criminel.

---

[293] In Les Codes Larcier RDC, *Tome VI. Droit public, Vol.2 Droit administratif,* 2003, p.410.
[294] Idem, p.410.
[295] Dr NZEY C., *Op.cit*, p.10.

L'article 32, alinéas 3 à 6 de l'Ordonnance n° 70-158 du 30 avril 1970 précitée dispose[296] :

« *Si la malade, dûment prévenue de la gravite du cas, refuse l'intervention, le médecin doit s'incliner devant la volonté librement exprimée de sa malade.* Si le médecin, en raison de ses convictions, estime qu'il lui est interdit de conseiller ou de pratiquer l'avortement thérapeutique, il peut se retirer et cesser ses soins dans les conditions prévues par l'article 22.

S'il est convaincu que l'avortement thérapeutique s'impose ; il devra, avant d'y procéder, obtenir un avis conforme de la part de deux confrères dont l'autorité est notoire.

Les trois médecins prenant part à la consultation doivent, indépendamment d'un certificat délivré à l'intéressée, rédiger dans tous les cas, quelle que soit la décision prise, un protocole donnant les raisons de celle-ci et l'adresser sous pli recommandé au président du conseil provincial dont ces médecins relèvent. Si les médecins relèvent de conseils différents, un exemplaire de ce procès-verbal doit être adressé à chaque conseil provincial intéressé. Il est entendu que ces différentes pièces seront signées par les trois médecins consultants. »

L'article 22 de la même ordonnance dispose : « Le médecin peut se dégager de sa mission à condition :

---

[296] In Les Codes Larcier RDC, *Op.cit*, pp.410-411.

1° de ne jamais nuire, par ce fait, au malade dont il se sépare ;

2° d'en avertir le malade ou son entourage ;

3° de fournir les renseignements qu'il juge, en conscience, utiles à la continuité des soins, compte tenu des obligations du secret médical.[297] »

In fine voici la position du droit positif congolais sur l'avortement :

- il autorise uniquement l'avortement thérapeutique si et seulement si la vie de la mère est en danger en conservant cette grossesse : il s'agit dès lors de la seule et unique possibilité où l'avortement criminel est disqualifié en avortement thérapeutique.

- Donc, l'avortement non punissable est uniquement l'avortement thérapeutique : c'est la disqualification de l'avortement en droit positif congolais

- cependant de rigoureuses conditions précitées entourent la possibilité de l'avortement thérapeutique afin d'éviter des abus.

[297] In Les Codes Larcier RDC, *Op.cit*, p.410.

II.D.1. Depuis la ratification du protocole de MAPUTO

Ce protocole a été ratifié sans réserve.

Le droit positif congolais pénalise rigoureusement *l'avortement volontaire et criminel. Or procéder ainsi accroît les avortements clandestins dont les conséquences sont plus ravageuses pour les femmes, notamment les complications et morts déjà décrites.* En effet « La clandestinité de l'avortement est surtout favorisée *par la pénalisation de l'avortement* et l'attitude défavorable ou parfois même violente des parents en contexte de grossesse. Tous ces facteurs poussent les filles à être souvent les premières à décider d'avorter dans la clandestinité. Elles sont aussi les premières victimes des avortements clandestins.[298] »

Pénaliser l'avortement de la femme même lorsqu'elle est victime de grossesse due au viol, à l'agression sexuelle, à l'inceste ; n'est-ce pas une forme de discrimination à son endroit ? Or la RDC a ratifié la convention sur l'élimination de toutes les formes de discrimination à l'endroit de la femme, convention publiée du reste au journal officiel.

Contrairement au droit positif congolais, le protocole de Maputo va jusqu'à autoriser l'avortement médicalisé (c'est-à-dire thérapeutique) même lorsque la grossesse met en danger la santé mentale et physique du fœtus. En outre,

[298] MÉDECINS DU MONDE, *op.cit,* p.32.

ledit protocole rajoute cette autorisation d'avortement médicalisé même en cas d'agression sexuelle, de viol, d'inceste. Ces hypothèses ne sont nullement consacrées en droit interne congolais.

Il importe que la RDC aille plus loin dans le respect de ses obligations internationales d'appliquer de bonne foi la disqualification d'avortement par le protocole de Maputo, en légalisant également l'autorisation de l'avortement thérapeutique dans les hypothèses où la grossesse met en danger la santé mentale et physique du fœtus (non seulement de la mère), en cas d'agression sexuelle, de viol, d'inceste.

Nous soutenons que procéder permettrait à la RDC de :

- respecter ses obligations internationales suite à la ratification du protocole de Maputo

- respecter la non-discrimination à l'endroit de la femme en permettant au législateur congolais de légaliser de l'avortement médicalisé ou mieux thérapeutique dans plusieurs hypothèses ci-dessus explicitées

- respecter de même la valeur chrétienne majoritaire du peuple congolais en pénalisant tout avortement volontaire qui ne rencontre pas les hypothèses ci-dessus.

Conclusion

À l'issue de cet article sur la problématique du maintien de l'incrimination d'avortement ou la nécessité de dépénaliser carrément l'avortement ou à tout le moins juste le disqualifier, les questions de fond ont été les suivantes :

- *Comment concilier l'interdiction de l'avortement et l'acceptation de sa pénalisation par la majorité des Congolais suite à leur conviction religieuse chrétienne, avec l'autorisation de l'avortement par le protocole de Maputo signé librement et régulièrement par*

  la RDC ?

- *La RDC qui doit honorer ses engagements de respecter et d'appliquer de bonne foi les instruments juridiques internationaux qu'elle a ratifiés tels que le protocole de Maputo, devrait-elle en conséquence dépénaliser l'avortement ou tout simplement le disqualifier?*

Les réponses aux questions ainsi posées sont constitutives de résultats qu'il faille résumer. Que la majorité chrétienne des Congolais soutienne l'interdiction de l'avortement et salue sa pénalisation ne viole pas le principe de la laïcité de l'État congolais. En effet, au nom dudit principe, la RDC a valablement signé et ratifié le protocole de Maputo sans avoir à le soumettre à la conditionnalité de cette valeur chrétienne congolaise. La chrétienneté étant une valeur expérimentale du peuple congolais dans sa majorité, le droit congolais ne peut l'ignorer vu que « le droit n'est que la formalisation des valeurs dominantes des peuples »[299]. À ce titre, le droit positif congolais maintient la pénalisation de l'avortement criminel en adéquation avec le protocole de Maputo. En effet, le protocole de Maputo a maintenu *l'incrimination* d'avortement criminel, *il ne l'a nullement dépénalisé*, mais il *l'a plutôt disqualifié* en autorisant l'avortement dit « thérapeutique » moyennant de strictes conditions. En sus, la RDC respecte ses obligations internationales relativement au protocole de Maputo, en autorisant uniquement l'avortement thérapeutique seulement si la vie de la mère déclarée en danger par les médecins suite à la grossesse.

En somme, nous recommandons que le droit positif congolais adopte les disqualifications ci-après en conformité avec le protocole de Maputo et en adéquation avec les désidératas de sa population majoritairement chrétienne qui n'est pas contre cette disqualification (positions soutenues par 24,2% de l'ensemble de nos enquêtés dont 49% des chrétiens, 42% des musulmans, 5% des autres religions, enfin 4% des athées dans le tableau n° 1) :

[299] KAMTO M., *Op.cit*, p.57.

1. Au-delà des conditions fixées par l'article 32, alinéas 3 à 6 de l'Ordonnance n° 70-158 du 30 avril 1970 déterminant les règles de la déontologie médicale en légalisant l'avortement médicalisé ou mieux thérapeutique : non seulement lorsque l*a vie ou la santé mentale et physique de la mère est en danger ; mais aussi la vie ou la santé mentale et physique du fœtus est également en danger ; lorsque la grossesse est due au viol, à l'inceste ou à l'agression sexuelle.*

2. Maintenir la pénalisation de tout avortement volontaire qui ne serait nullement justifié par les hypothèses ci-dessus citées, vu que ce genre d'avortement demeurera criminel (selon le Tableau n° 1, telle est la position soutenue par 60% de nos enquêtés dominés par les religions monothéistes dont les chrétiens, dans l'ordre de 62% des chrétiens ; puis 32% des musulmans, puis 4% des autres religions, enfin 2% des athées).

Résumé

La problématique de cet article est de savoir s'il faut maintenir l'incrimination de l'avortement ou alors le dépénaliser carrément, ou enfin seulement le disqualifier positif congolais au regard du protocole de Maputo ratifié régulièrement par la République démocratique du Congo (RDC). Le droit positif congolais, tout comme le protocole de Maputo, maintient l'incrimination de l'avortement dit

« criminel ». En application de ce protocole, par respect de et de ses obligations internationales posées par l'article 215 de sa constitution du 18.2.2006 et du principe de la laïcité de l'État congolais disposé par l'article 1er de la même constitution, la RDC doit *disqualifier et non dépénaliser* l'avortement. Pour ce faire, la RDC doit légaliser l'autorisation de l'avortement dit « thérapeutique » dans des hypothèses bien limitées, à savoir si la grossesse met en péril la soit la santé physique ou mentale, soit la vie de la mère (tel est le seul cas que le droit positif congolais retient à travers l'Ordonnance n° 70-158 du 30 avril 1970 sur la déontologie médicale). Il sied d'y ajouter les hypothèses suivantes retenues par ledit protocole, à savoir si la grossesse met en péril aussi la santé physique ou mentale du fœtus, soit elle met en péril la vie de la mère ou du fœtus, encore si cette grossesse est due aux agressions sexuelles, au viol ou à l'inceste.

Bibliographie

I. Textes juridiques

A. Internationaux

- Protocole à la Charte Africaine des Droits de l'Homme et des Peuples relatif aux Droits des Femmes, mieux connu sous le nom de Protocole de Maputo du 11 juillet 2003, disponible sur http://fr.m.google.org, consulté le 25.7.2016.

- Convention sur l'élimination de toutes les formes de discrimination à l'égard des femmes du 3 septembre 1981, disponible sur http://fr.un.org, consulté le 28.7.2016.

B. Nationaux

- Constitution de la République démocratique du Congo, modifiée par la Loi n° 11/002 du 20 janvier 2011 portant révision de certains articles de la Constitution de la République Démocratique du Congo du 18 février 2006, in Journal officiel de la République démocratique du Congo, 52e année, Kinshasa, numéro spécial du 5.2.2011.

- Loi n° 09/001 du 10 janvier 2009 portant protection de l'enfant, in Journal officiel de la République démocratique du Congo, 50e année, Kinshasa, numéro spécial du 25.5.2009.

- Ordonnance n° 70-158 du 30 avril 1970 déterminant les règles de la déontologie médicale, in Les Codes Larcier RDC, *Tome VI. Droit public, Vol.2 Droit administratif, Bruxelles, Afrique éditions*, 2003.

- Décret du 30 janvier 1940 portant code pénal congolais, in Les Codes Larcier RDC, *Tome II. Droit pénal, Bruxelles, Afrique éditions,* 2003.

II. Doctrines

GÉRARD CORNU, Vocabulaire juridique, Paris, PUF, Association Henri Capitant, 2009.

KAMTO M., *La justice entre tradition et modernité*, Afrique Contemporaine, No 156, 4e trimestre 1990

KAPAGAMA IKANDO P., *Comment construire un droit pénal congolais enraciné dans la sociologie du terroir ?* Kinshasa, éd. Droit et société, 2003.

LISA CLIFFORD et CHARLES NTIRYICA, *Rapport spécial Violence sexuelle en République démocratique du Congo,* disponible sur http://www.iwpr.net, consulté le 22.1.2017.

LUZOLO BAMBI LESSA et BAYONA BA MEYA, *Manuel de procédure pénale,* Kinshasa, Presses universitaires du Congo, 2011.

MÉDECINS DU MONDE, *Les déterminants socioculturels et communautaires des grossesses non désirées et des avortements*, Kinshasa, RDC, p.32.

NGANDU A., ***Jeunes et avortement clandestin, quels risques ?,* in Revue 100 % Jeunes,** N°006 aout-septembre 2013.

NYABIRUNGU MWENE SONGA, *Traité de droit pénal général congolais*, Kinshasa, éditions « DES », 2011.

NZEY C., « Dîtes nous docteur », in NGANDU A., ***Jeunes et avortement clandestin, quels risques ?*** **in Revue 100 % Jeunes,** N°006 aout- septembre 2013.

OMBA KALONDA J.C., « Violence sexuelle au Congo-Kinshasa : nécessité de la dépénalisation de l'avortement », in *Revue médicale*, Bruxelles, 2012.

Prince MURHULA « En RDC : *Avorter volontairement, c'est tuer* », disponible sur http : www//jpddh.org, consulté le 21.7.2016.

Raymond GUILLIEN et Jean VINCENT, Lexique des termes juridiques, Paris, Dalloz, 2007.

TARGET, « Le christianisme, religion dominante en RDC », disponible sur http://www.eventsrdc.com, consulté le 1.1.2.16.1.2017.KAMTO M., *La justice entre tradition et modernité*, Afrique Contemporaine, No 156, 4e trimestre 1990.

LES CAHIERS DE L'IREA
N° 18 - 2018

Revue de l'Institut de recherches et d'études africaines (IREA)

Débat philosophique

••

Joseph TEGUEZEM
et
Christian TOUMBA PATALÉ

Patrice Jean AKE

Joseph Wouako TCHALEU

Patrice Jean AKE

Joseph Wouako TCHALEU

L'Harmattan

LA REVUE LES CAHIERS DE L'IREA
(Institut de Recherche et d'Études Africaines)

- **Abonnement annuel (4 numéros) (Frais de port inclus)**
  - **France..Euros**
  - **Étranger et DOM-TOM......................Euros**
  - **Afrique..Euros**

- **Vente au numéro (Frais de port inclus)**
  - **France, DOM-TOM et étranger..........Euros**
  - **Afrique..Euros**

La revue Les Cahiers de l'IREA est disponible, sur commande, par correspondance aux Éditions L'Harmattan, 7 rue de l'École Polytechnique, 75005 Paris

✂..

BON DE COMMANDE

NOM ET PRENOM..

ADRESSE..

CODE POSTALE..

DATE SIGNATURE

Règlement par chèque postal, bancaire ou mandat international à l'ordre des Éditions l'Harmattan :

Éditions L'Harmattan, 7 rue de l'École polytechnique, 75005 Paris

L'HARMATTAN ITALIA
Via Degli Artisti 15; 10124 Torino
harmattan.italia@gmail.com

L'HARMATTAN HONGRIE
Könyvesbolt ; Kossuth L. u. 14-16
1053 Budapest

L'HARMATTAN KINSHASA
185, avenue Nyangwe
Commune de Lingwala
Kinshasa, R.D. Congo
(00243) 998697603 ou (00243) 999229662

L'HARMATTAN CONGO
67, av. E. P. Lumumba
Bât. – Congo Pharmacie (Bib. Nat.)
BP2874 Brazzaville
harmattan.congo@yahoo.fr

L'HARMATTAN GUINÉE
Almamya Rue KA 028, en face
du restaurant Le Cèdre
OKB agency BP 3470 Conakry
(00224) 657 20 85 08 / 664 28 91 96
harmattanguinee@yahoo.fr

L'HARMATTAN MALI
Rue 73, Porte 536, Niamakoro,
Cité Unicef, Bamako
Tél. 00 (223) 20205724 / +(223) 76378082
poudiougopaul@yahoo.fr
pp.harmattan@gmail.com

L'HARMATTAN CAMEROUN
BP 11486
Face à la SNI, immeuble Don Bosco
Yaoundé
(00237) 99 76 61 66
harmattancam@yahoo.fr

L'HARMATTAN CÔTE D'IVOIRE
Résidence Karl / cité des arts
Abidjan-Cocody 03 BP 1588 Abidjan 03
(00225) 05 77 87 31
etien_nda@yahoo.fr

L'HARMATTAN BURKINA
Penou Achille Some
Ouagadougou
(+226) 70 26 88 27

L'HARMATTAN SÉNÉGAL
10 VDN en face Mermoz, après le pont de Fann
BP 45034 Dakar Fann
33 825 98 58 / 33 860 9858
senharmattan@gmail.com / senlibraire@gmail.com
www.harmattansenegal.com

L'HARMATTAN BÉNIN
ISOR-BENIN
01 BP 359 COTONOU-RP
Quartier Gbèdjromèdé,
Rue Agbélenco, Lot 1247 I
Tél : 00 229 21 32 53 79
christian_dablaka123@yahoo.fr

www.ingramcontent.com/pod-product-compliance
Lightning Source LLC
LaVergne TN
LVHW010949061026
849535LV00006B/1642